A GRANDE SEMENTE

Anildo Prado

A GRANDE SEMENTE

PALAVRA VERDADEIRA

Copyright © 2018 de Anildo Prado
Todos os direitos desta edição reservados à Editora Labrador.

Projeto gráfico, diagramação e capa
Felipe Rosa

Copidesque
Ana Maria Fiorini

Revisão
Viviane Mendes
Andréia Dantas

Foto da capa
BrianAJackson / elements.envato.com

Dados Internacionais de Catalogação na Publicação (CIP)
Andreia de Almeida CRB-8/7889

Prado, Anildo
　A grande semente : palavra verdadeira / Anildo Prado. -- São Paulo : Labrador, 2018.
　144 p.

ISBN 978-85-87740-03-8

1. Bíblia 2. Religião 3. Cristianismo 4. Palavra de Deus I. Título.

18-1037　　　　　　　　　　　　　　　　　　　　　　　　CDD 230

Índices para catálogo sistemático:
1. Cristianismo : Palavra de Deus

Editora Labrador
Diretor editorial: Daniel Pinsky
Rua Dr. José Elias, 520 - Alto da Lapa
05083-030 - São Paulo - SP
+55 (11) 3641-7446
http://www.editoralabrador.com.br
contato@editoralabrador.com.br

A reprodução de qualquer parte desta obra é ilegal e configura uma apropriação indevida dos direitos intelectuais e patrimoniais do autor.

Dedico este trabalho a toda minha família, em especial à minha amada esposa Albenizia Prado, com quem convivo há mais de 20 anos, e aos meus filhos Mayraian Prado, Fabio Prado, Kerolaine Prado e Sara Prado. A confiança que sempre depositaram em mim me ensina a maior lição de fé em meu Pai Celestial.

Dedico-o também aos milhões de crentes verdadeiros mundo afora e àqueles que ainda procuram o conhecimento espiritual da palavra verdadeira. Que este livro venha trazer coragem, alegria e fé para que continuem a crer no nosso senhor e salvador Jesus Cristo, que é a palavra verdadeira.

Só tu, Senhor, és digno de toda honra, toda glória e todo louvor.

SUMÁRIO

INTRODUÇÃO. A PALAVRA VERDADEIRA E A PALAVRA MENTIROSA 9

CAPÍTULO 1. A QUEDA NO PARAÍSO 13

CAPÍTULO 2. COMO SATANÁS ENTRA NA MENTE DAS PESSOAS 16

CAPÍTULO 3. A PALAVRA LIBERADA 18

CAPÍTULO 4. AS RIQUEZAS E A ELITE MUNDIAL 22

CAPÍTULO 5. A PRIMEIRA BESTA: UM PLANO DE SATANÁS 24

CAPÍTULO 6. INVERSÃO DO REINO – QUEM É JESUS? 38

CAPÍTULO 7. O GOVERNO MUNDIAL, O REI OU OS PRINCIPADOS 60

CAPÍTULO 8. AS TENTAÇÕES 67

CAPÍTULO 9. OS MINISTÉRIOS DE DEUS NA BÍBLIA 74

CAPÍTULO 10. FATOS SOBRE A PALAVRA VERDADEIRA 90

CAPÍTULO 11. AS PALAVRAS DE DEUS, AS PALAVRAS ESPIRITUAIS E AS PALAVRAS DOS SANTOS 98

CAPÍTULO 12. PALAVRA VERDADEIRA 102

INTRODUÇÃO
A PALAVRA VERDADEIRA E A PALAVRA MENTIROSA

De onde vem a palavra verdadeira? E a mentirosa? Quem falou a palavra verdadeira? E quem falou a mentirosa?

O que é a palavra verdadeira? Dentre tantas palavras, como podemos afirmar que a palavra é o poder de Deus? Onde e como podemos encontrar a palavra verdadeira? Aquela com que Deus fez todas as coisas? Que palavra é essa, que teve o poder de criar o Universo? Onde está essa palavra e como posso encontrá-la? Como e quem tem essa palavra? Quem pode me dar essa palavra?

Neste livro, você vai encontrar uma resposta para tudo isso e saber quanto Deus quer que você conheça o que Ele preparou para você e para seus filhos neste mundo e no mundo vindouro.

Como escrevi este livro

Baseado em uma revelação e experiência pessoal com o próprio Deus.

No ano de 2004, eu estava em um congresso cristão e, em certo momento, estava adorando de olhos fechados, em pé, quando fui arrebatado. Eu vi Jesus, ouvi uma voz dentro de mim que dizia que Ele era Jesus. Ele veio andando em minha direção. Eu não podia ver o Seu rosto, mas sabia que era Ele. Ele chegou até mim, me abraçou e me deu um beijo na testa. Senti algo que entrava em mim. Virei e O vi pelas costas. Antes eu apenas vira Seus braços, que eram semelhantes aos nossos, seres humanos.

Após voltar ao normal, fiquei meio desnorteado, sem saber onde estava, e senti um alívio muito grande, como se estivesse flutuando.

No dia seguinte a essa experiência, eu sentia que Ele estava comigo,

Ele andava comigo. Uma semana depois, fui para meu sítio, a 50 km de Porto Velho, em Rondônia. Era costume, todo fim de semana, ir para o sítio com minha família. Nesse dia, à noite, na oração antes de dormir, eu falava com Ele e perguntei:

– Por que o Senhor não aparece para mim para que eu possa ver como o Senhor é?

Por volta da meia-noite, recebi a visita d'Ele, que me disse:

– Vou mostrar por que você não pode me ver.

Essa voz, que parecia estar dentro de mim, falou:

– Você habita na carne, e a carne não suporta a minha glória.

E então Ele tocou na minha coxa só de um lado, e ela ficou dormente, a ponto de eu ficar fraco. Meu corpo tremia, e eu sentia que minha temperatura estava diferente. Ele falou comigo a noite toda. Ainda de madrugada, eu tive sede e me levantei para beber água. A casa do sítio era um sobrado. Eu dormia na parte de cima, e a cozinha ficava na parte de baixo. Tive de descer para beber água. Quando eu estava subindo a escada, vi um ser com o corpo parecido com o de um homem, mas que não tinha matéria. Ele veio ao meu encontro e entrou em mim. Como se tropeçasse em mim, ele me ultrapassou. Senti quando ele me ultrapassou. Voltei à minha cama, e ele começou a lutar comigo; quando ele estava em mim, meu corpo não o suportava, e eu era movido de maneira inexplicável. Assim, foi uma noite de luta, e minha mente foi tomada por Ele. Somente pela manhã Ele foi embora.

Naquela semana, fiquei sem palavras. Atônito, não reagia a nada. Minha esposa dizia que eu estava estranho e pensou em me levar a um psiquiatra. Eu nem falava com ela. Com outras pessoas, ela chegou a comentar que eu estava louco.

Porém, a partir dessa experiência, Jesus começou a revelar toda a palavra do Evangelho. Veio a mim a palavra de que eu não deveria ler jornal, revistas (nem livros) nem assistir à televisão ou a qualquer outro meio de comunicação.

Passaram-se quase oito anos de comunhão com Jesus. Senti muitas aflições e perseguições, sem saber o que realmente estava acontecendo, mas Ele me passava muitas revelações referentes aos Seus segredos, que trouxe para nós por meio da palavra verdadeira. Foi quando Ele me apareceu em um sonho. Nesse sonho, Ele me falou que me daria a maior semente que o mundo já conhecera, e que eu deveria publicar essa semente em um grande jornal.

Passaram-se dez anos até que eu me sentisse autorizado a ler alguns livros: Ele me disse que a abstenção da leitura era para que eu tivesse a revelação de que aquilo que eu escrevi era verdade e que não teria sido copiado de nenhum outro livro.

Até esse momento, nem mesmo minha esposa conhecia a minha missão. Nesse meu chamado, não havia quem me desse uma palavra sobre meu livro. Quando eu falava que estava escrevendo um livro, as pessoas não davam crédito, mas, mesmo desacreditado, eu continuei. E veio a mim a palavra, dizendo aquilo que escrevi neste livro.

Aqui, você vai conhecer a revelação que eu tive sobre tudo o que foi planejado e posto em prática para enganar o povo, desde aproximadamente 2.400 anos atrás até os dias de hoje.

CAPÍTULO 1
A QUEDA NO PARAÍSO

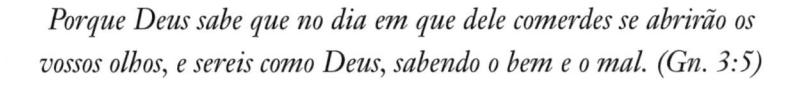

Porque Deus sabe que no dia em que dele comerdes se abrirão os vossos olhos, e sereis como Deus, sabendo o bem e o mal. (Gn. 3:5)

....

Quem falou a Palavra Mentirosa? O diabo. Ele disse para Eva, quando ela estava no Paraíso, que se comesse da fruta da árvore do conhecimento do bem e do mal, ela não morreria – antes, ela conheceria e experimentaria o bem e o mal.

Portanto, se você desobedecer a Deus, vai conhecer o bem e o mal. Desde então, o homem, que tinha somente a mente de Cristo, isto é, vivia na dispensação da inocência, passou a ter a mente do diabo. O homem morreu espiritualmente. O espírito do homem morreu.

Quando a desobediência a Deus entrou no homem, ele passou a ver com a mente do diabo, perdeu o direito de estar na verdade de Deus, e lhe foi tirado o espírito de Deus. O homem começou então a pensar e a agir como homem da Terra, como um animal que busca sobreviver com a própria sabedoria e poder.

Ele passou a ver as coisas más. Antes, ele só via as coisas boas, as coisas de Deus. O diabo abriu os olhos maus do homem quando este comeu da fruta proibida. O homem passou a ver o mundo com outros olhos. Ele viu-se nu: antes, ele não via maldade. Após desobedecer a ordem de Deus, a maldade entrou nele, e o diabo passou a ter acesso à mente do homem e a comandá-la, colocando no homem a iniquidade.

Então, o homem, que por desobediência se encontrava fora da bênção de Deus, fora do jardim, começou a ter sua vida comandada pelo mal.

A boa notícia é que, apesar de toda a armação do diabo, hoje, por meio de Jesus, nosso Senhor e Salvador, nós temos uma nova chance de nos encontrar com Deus e ser perdoados para voltar a ter uma vida de comunhão com Jesus. Mas a chance só é concedida àqueles que aceitam mudar sua vida, praticando coisas boas e obedecendo a Deus, e crendo que só Jesus pode nos salvar – pela fé. Esses são conhecidos entre os homens não por suas riquezas, mas por sua prosperidade em Deus, tendo e produzindo frutos do espírito, vivendo na paz com Deus.

A partir dessa derrota, o homem começou a viver com a própria sabedoria e entendimento e, sozinho, a tentar sua sobrevivência neste mundo.

Entretanto, a mentira estava nele, não havia mais a verdade.

Dessa data em diante, o homem passou por um período de dispensação da consciência. Passou a ter que obedecer a Deus e oferecer sacrifício com derramamento de sangue (Gn. 3:21-22). A partir de então, o homem entrou no fracasso da corrupção e da decepção generalizadas (Gn. 6:12). E foi então que Deus destruiu o povo com o dilúvio universal (Gn. 6-8). Passou-se um tempo de mais ou menos 1.656 anos da queda do Paraíso até o dilúvio. Foi após a queda do Paraíso que o homem passou a mentir. Veja o caso de Caim, que, querendo agradar a Deus, não o conseguiu e não foi aprovado. Possuído pelo sentimento de inveja, matou seu irmão, Abel, que andava em obediência e, por isso, agradava o coração de Deus. Sua vida em pecado consumiu-se em inveja por não ter agradado o coração de Deus, como seu irmão fizera. E por que Abel agradou a Deus mais do que Caim? Não foi porque sua oferta fosse perfeita.

Começando por Caim: a vida foi difícil para ele. Caim experimentou todo tipo de tentação – o engano e a mentira o acompanhavam, assim como a pobreza, a angústia, a doença etc. Caim amou as coisas do mundo. Ele deu uma oferta a Deus, e ficou sabendo que Deus o reprovara porque ele não fazia o bem.

O Senhor Deus, pois, o lançou fora do jardim do Éden, para lavrar a terra de que fora tomado. (Gn. 3:23)

Por isso, todo homem que fala a verdade é próspero, tem amor, paz, é pacífico, responsável, compromissado, cumpre os acordos que faz e é fiel à família.

Mas o homem e a mulher que mentem não têm paz, não são prósperos, não amam, estão sempre nervosos, não são responsáveis, não cumprem os acordos e não conseguem ser fiéis. Mesmo que a mentira seja pequena, um dia ele ou ela vai colher tudo o que plantou.

O homem que mente não é puro, ele não é verdadeiro, ele sempre engana – até a si mesmo.

Há homens e mulheres que são casados e traem o cônjuge, mas, quando chegam em casa, fingem que nada aconteceu. Esse é o tipo de homem que demora a chegar em casa, e, quando a esposa lhe pergunta por que demorou, dá um monte de desculpas: não diz "sim" nem "não", não fala a verdade, tenta se justificar.

Aqui estamos tratando do homem e da mulher "naturais" que mentem, e não do próprio, do homem mentiroso, que todos conhecem. O homem conhecidamente mentiroso não é tão perigoso como o homem "normal" que mente, pois aquele todos já sabem que é mentiroso. Ele é o espírito da mentira. Tudo depende do espírito que está nele.

É por esse motivo que o diabo precisa enganar: porque se ele avisasse quem é, ninguém aceitaria seguir o Satanás. Por isso ele fez o homem "normal" ser mentiroso, para que também seja filho dele, pois todo homem e mulher que mente e pratica a mentira é filho do diabo.

Nisto são manifestos os filhos de Deus, e os filhos do diabo. Qualquer que não pratica a justiça, e não ama a seu irmão, não é de Deus. (I João 3:10)

Foi aí que tudo começou: o mau se espalhou pelo mundo, pois Satanás começou a trabalhar para mudar os planos de Deus para os homens. O inimigo de Deus veio para destruir o que Deus fez, e ele só precisa da **mente humana** para conseguir fazer sua obra.

CAPÍTULO 2
COMO SATANÁS ENTRA NA MENTE DAS PESSOAS

Por meio da mentira, da ganância, dos desejos das coisas deste mundo e do pecado dos pensamentos maus, das más obras da inveja, da ira, das contendas, das imoralidades, das impurezas, da indecência, da idolatria e da feitiçaria, da inimizade, das rivalidades e do ciúme, da ambição, do egoísmo, da discórdia, do partidarismo, das bebedeiras, das orgias e de coisas semelhantes a estas (Gl. 5:19-21).

O perigo mora no homem falso. **Falso** é aquele que mente sem que você perceba; é aquele que **faz de uma mentira uma verdade e de uma verdade uma mentira**. É aquele que convence qualquer pessoa daquilo que ele quer que seja verdade. Por exemplo: há alguns vendedores que fazem uma propaganda tão enganosa para convencer o consumidor, que até eles mesmos acreditam no que dizem.

Certa vez, fui comprar um carro para minha esposa, e o vendedor disse: "Este novo carro é *top*. Ele é melhor que o seu, ele tem direção elétrica, freios ABS, vidros elétricos, até fala com você". E eu brinquei: "Onde aperta para sair dinheiro?". Ele respondeu: "Senhor, isso é somente um carro". E, sem jeito, se desculpou.

O homem que mente é conhecido por suas palavras. Eu, por várias vezes, estava com certos homens quando as esposas deles telefonaram. Na hora, eles disseram: "Já estou chegando", mas só depois de uma hora é que iriam chegar. Para eles, parecia que estavam falando a verdade. Outras vezes vi pessoas dizerem por telefone que estavam em determinado lugar, quando estavam em outro. Na verdade, elas estavam falando do lugar onde deveriam estar.

O homem que mente não consegue pagar suas dívidas, sempre está devendo. Tudo o que ganha, gasta, e sua vida é igual à sua mente: um engano. Por isso, o engano está lá desde o princípio. Mesmo tendo dinheiro, é atribulado e não tem paz.

Em Gn. 3:3, vemos a manifestação do engano: "A serpente me enganou, disse Eva".

"Mas do fruto da árvore que está no meio do jardim, disse Deus: Não comereis dele, nem nele tocareis para que não morrais." (Gn. 3:3)

O engano toma a bênção (Gn. 27:3-6). Na nossa boca há engano (Sl. 10:7). Bem-aventurado o homem em que Deus não encontra engano (Sl. 32:2). O homem que mente tem uma mente tomada por Leviatã.

O homem que mente não tem noção do que está falando, pois o espírito que está em sua mente tomou toda a direção da sua mente e do seu corpo.

O homem que mente é aquele que Deus falou que não veria com os olhos nem escutaria com os ouvidos, pois o pecado que há neles não lhe permite fazê-lo.

É isso o que estamos vendo hoje até mesmo nas igrejas: pessoas que pregam a palavra de Deus e não sabem o que significa o que Ele mesmo pregou, considerando o próprio parecer. Não vivem o que falam. Não têm revelação de Deus. Estão totalmente equivocados com Deus. Deus não é apenas um Deus que espera que nós o obedeçamos. Deus é a própria perfeição, pois sem santidade é impossível ver a Deus.

"Segui a paz com todos, e a santificação, sem a qual ninguém verá o Senhor" (Hb. 12:14).

Deus não é um deus dos arrogantes, dos soberbos ou dos pecadores. Ele diz: "Eu sou o Deus dos pobres, dos necessitados, o Deus dos obedientes".

CAPÍTULO 3
A PALAVRA LIBERADA

Vamos então falar da revelação.
Onde está a palavra que tem tanto **poder**?

Poder de vida (Jo. 17:2).
Poder de morte (Lc. 12:5).
Poder de ganhar (Jo. 1:18).
Poder de perder (Jo. 1:18).
Poder de realizar coisas grandes (At. 6:8).
Poder de criar algo sobrenatural (Lc. 4:6).
Poder de modificar pensamentos (Dn. 10:1 e I Jo. 2:27).
Poder de falar a verdade (Hb. 1:3).
Poder de mentir (II Ts. 2:9).
Poder sobre os espíritos (Mt. 10:1).
Poder para perdoar (Ma. 2:10).
Poder de livrar (Ma. 3:15).
Poder de ser filho de Deus (Jo. 1:12).
Poder de crucificar e salvar (Jo. 19:10).
Poder sobre as nações (Ap. 5:12).
Poder de matar (Ap. 6:8).
Poder de destruir a terra e o mar (Ap. 7).
Poder na boca (Ap. 9:19).
Poder para fechar o céu (Ap. 11:6).
Poder da primeira besta (Ap. 13:12).
Poder da verdade (Dn. 10:1).
Poder sobre espíritos imundos (Mt. 10:1).
Poder de curar (Ma. 3:15).
Poder eterno (Rm. 1:20).
Poder de riquezas (Ap. 2:26).

Toda palavra tem seu poder? Como posso conhecer isso?

A fé é o começo de tudo o que queremos realizar. Desde que se tenha fé na verdade, nada é impossível para o homem dentro da verdade.

A palavra é como uma chama ou uma grande labareda, que vai queimando enquanto houver massa seca. É como uma bomba química que age rápido, mas seus efeitos duram por muito tempo, matando aos poucos. Porém, ela também pode dar vida aos poucos.

Jesus falou: O reino de Deus é semelhante a um homem que semeasse a semente na terra e fosse dormir, e quando de dia ou de noite levantasse, estaria tudo crescido, e ele não entenderia como isso aconteceu.

A palavra é a ferramenta mais poderosa para os que têm fé na verdade, mas também é a ferramenta mais poderosa para matar.

Um dia eu tive uma experiência com a palavra liberada na vida dos meus pais. Eu tinha apenas 12 anos; nós morávamos em uma cidade do interior do Paraná. Tínhamos um vizinho que fazia trabalho para curar as pessoas e benzia. Ele falou ao meu pai que ele iria morrer aos 65 anos e minha mãe, aos 67 anos. Depois de mais de 35 anos, um certo dia meu pai e eu estávamos plantando mandioca em uma cidade em Rondônia. Naquele mesmo ano, ele completaria 65 anos. Ele então me falou: "É, estamos plantando, mas eu não vou comer desta mandioca". Eu perguntei: "Por quê?". Ele, lembrando-se da profecia, respondeu: "É que neste ano eu completarei 65 anos, e aquele homem falou que eu morreria aos 65 anos".

Em menos de três meses, meu pai teve um problema intestinal. Foi levado ao hospital e teve que fazer uma cirurgia no intestino. Contraiu uma infecção hospitalar e morreu. Três anos depois, minha mãe adoeceu e foi levada ao hospital. Teve de tratar um câncer no estômago. Foi curada, mas ela também, lembrando-se daquela profecia lançada sobre a vida dos dois, disse: "Eu completei 67 anos e chegou o meu dia". Por mais que eu tivesse tentado fazer alguma coisa, não teve jeito: ela morreu. Meus pais acreditaram na palavra mentirosa daquele homem. Tudo isso aconteceu por eles terem acreditado em uma palavra mentirosa.

Dessa forma, cada palavra é como um tijolo em uma construção: de tijolo em tijolo se constrói uma casa. Assim são as palavras. De palavra em palavra você constrói aquilo que falou: se falou **bem**, constrói **bem**; se falou **mal**, constrói **mal**. Tudo será como sua palavra.

Nossa mente é poderosa para realizar tudo aquilo que visualizamos, pensamos e falamos, porque ela é um receptor e realizador.

Portanto, o poder está em minhas palavras, naquilo que eu vejo, penso e falo; assim será conforme minha mente receber e minha alma crer. Essa é a lei a partir da qual todas as outras foram criadas: apenas com palavras. Deus criou tudo o que há na terra e no céu com palavras, e a palavra verdadeira viva e espiritual é **Jesus** (Jo. 1:1). Por outro lado, assim também o diabo tem a sua palavra mentirosa, que também tem seu poder.

Quando Deus prometeu a Abraão que abençoaria todas as famílias da terra, ele estava falando de fé. E fé em Jesus. Jesus é a palavra, e a palavra é espiritual. Ela é viva tanto para o bem como para o mal; ela dá vida ou morte a depender da palavra que eu falo e na qual creio (Mt. 3:10).

A palavra vem do nosso coração (espírito), e é tão poderosa, mas tão poderosa, que Jesus disse que se eu tiver uma fé do tamanho de um grão de mostarda, eu direi a um monte: "Saia dali e vá para lá", e ele obedecerá. Isso é incrível. Tudo pela fé na palavra.

Esse grande mistério Ele liberou para os que creem. É aquilo que estava oculto: o poder de Deus. Quando se cumpriu a promessa de Deus na vinda do Messias, o que estava oculto foi revelado. O reino de Deus chegou, e todo aquele que se arrepender e crer receberá o Espírito Santo, o Reino de Deus.

Mas esse poder ainda está oculto para a maioria das pessoas, pois os religiosos não falam sobre esse mistério. É um mistério que está revelado apenas para poucas pessoas, não chegando a 1% da população mundial.

Quem é o poder? Jesus.

Quem é Jesus? A palavra (Jo. 1:1).

Onde está a palavra? Na minha boca.

"Porque se com a tua boca confessares Jesus como senhor, e em teu coração creres que Deus o ressuscitou dentre os mortos, serás salvo" (Rm. 10:9).

Veja no final deste livro as palavras de vida e de morte, a linguagem dos mortos e a linguagem dos vivos. Descubra se você está vivo ou morto.

CAPÍTULO 4
AS RIQUEZAS E A ELITE MUNDIAL

Deus não é o Deus das riquezas: Ele é dono de tudo o que Ele criou, mas o que o homem cria é invenção humana. Existem princípios a serem seguidos para adquirir riquezas. Para que ela seja abençoada, ninguém pode receber nada que não venha de Deus. Ele é Deus do amor, da paz, da compaixão pelos perdidos, da sabedoria, Deus da verdade e da revelação, Deus dos vivos.

Há crentes que pensam que vão conseguir que Deus ouça sua oração com apenas um jejum.

Deus diz: "Por acaso quero eu que vocês passem fome e façam outros sacrifícios carnais? É isso o que vocês chamam de jejum? Acham que um dia de jejum assim me agrada? Antes, é este o jejum que eu quero", diz o Senhor. "Seria este o jejum que eu escolheria, que o homem um dia aflija a sua alma, que incline a sua cabeça como o junco, e estenda debaixo de si saco e cinza? Chamarias tu a isto jejum e dia aprazível ao Senhor? Porventura não é este o jejum que escolhi, que soltes as ligaduras da impiedade, que desfaças as ataduras do jugo e que deixes livres os oprimidos, e despedaces todo o jugo?" (Is. 58:5-6).

"Eu quero que libertem os que foram presos e são inocentes."

"Que tirem de cima deles o peso que os faz sofrer."

"Que ponham em liberdade os que estão sendo oprimidos."

"Que acabem com todo tipo de escravidão."

"O jejum que me agrada é que vocês repartam sua comida com os famintos."

Jesus disse que recebam em suas casas os pobres que estão desabrigados. Que se deem roupas aos que não as têm e que nunca se deixe de socorrer os parentes.

Só assim, disse Deus, é que a luz da salvação brilha como o sol na vida da pessoa que procede como o Senhor manda. Entretanto, o que estamos assistindo hoje é diferente: só se fala em dinheiro.

Aproximadamente 94% do dinheiro do mundo está nas mãos de menos de 1% da população. Será que isso é por acaso?

Vamos explicar por que essa riqueza está nas mãos desses poderosos. Eles mesmos preparam tudo para que nós não saibamos da verdade sobre o reino de Deus revelado por meio de Jesus e sobre a vinda do Espírito Santo. É Ele que ensina todas as coisas.

E qual é o mistério disso tudo?

O mistério é que eles (os poderosos que formam a elite mundial) não deixaram e até hoje não deixam que você saiba da verdade que Jesus falou. Os segredos que não foram liberados ou não foram falados ainda estão escondidos para muitos, pois só eles – a elite – é que sabem do mistério do reino de Deus. Porém, eles não entram nem deixam os outros entrarem no reino de Deus.

Mas quando chegar a hora de aparecer o anticristo, você conhecerá quem realmente é o dominador deste mundo, pois ele vai impor a condição para que você continue vivo ou não. Só que antes ele virá como um salvador da humanidade, e muitos acreditarão porque ele fará maravilhas e encantará a todos. Com sua sabedoria e milagres, fara até descer fogo do céu.

Essa realmente é a segunda besta que está descrita no Livro de Apocalipse, capítulo 13. Ela vai obrigar a todos a seguirem a segunda besta, porque eles já terão aceitado a primeira, pela qual foram enganados.

CAPÍTULO 5
A PRIMEIRA BESTA: UM PLANO DE SATANÁS

A primeira besta já veio ou ainda virá? Muitos ainda não a reconheceram. Mesmo assim, já a aceitaram. Ela é a besta que saiu do mar. Você a conhece? Você já a viu? É um mistério espiritual.

Em meu próximo livro, falaremos sobre a besta. Você vai conhecer a primeira besta e vai poder saber se você já a aceitou, pois ela veio em forma do seu nome, imagem ou número. Você vai conhecer tudo isso a tempo de poder se livrar da maldição da besta que saiu do mar (Apocalipse, capítulos 13 e 17). Quais são esses sinais?

A palavra, seja ela liberada, escrita ou na linguagem dos sinais, é igual. Quando eu escrevo, ela fica gravada na mente. Do mesmo modo, quando eu falo, ela fica na mente. Quando a vejo, ela fica gravada na mente. Se a palavra for verdadeira, a obra será verdadeira; se, todavia, a palavra não for verdadeira, a obra não será verdadeira.

A palavra verdadeira é aquela que vem do coração (espírito), e nela não existe dúvida. A palavra liberada, quando a escrevemos, pode até desaparecer do papel, mas ficará gravada na mente. Assim como também ficará voando pelos ares, podendo chegar ao conhecimento do mal e do bem. Quem a recebe coloca-a em execução: se do mal, para o mal; se do bem, para o bem. Vai depender da palavra: se é verdadeira ou não.

5.1 O currículo escolar

Tudo **foi construído** com **palavras** e sinais que significam algo.

Tudo **está sendo destruído** com **palavras** e com o uso das obras malignas aplicadas pela besta, por meio das obras de crenças em algo que não é verdade.

O que o homem evoluiu no tocante à sabedoria?

Vejamos: tudo o que estamos estudando nos dias de hoje é baseado na sabedoria de pessoas que viveram há mais de 2 mil anos.

Por exemplo: o professor, quando fala de matemática, cita quem? **Pitágoras**. Quando fala de filosofia, fala de quem? **Sócrates**. E quem foram eles?

Pitágoras foi um matemático e filósofo grego que nasceu no ano de 570 a.C. na ilha de Samos, na região da Ásia Menor (Magna Grécia). Morreu em 497 ou 496 a.C. em Metaponto (região sul da Itália). Embora sua biografia seja marcada por diversas lendas e fatos não comprovados pela história, temos dados e informações importantes sobre sua vida.

Podemos ver algumas frases muito boas que os historiadores dizem ser dele. Para mim, se ele existiu, pode ter sido um grande homem para ensinar à humanidade, mas parece que foi tido como o fim de toda a sabedoria, que parou nele.

Já Sócrates não deixou nada escrito. Tudo o que se sabe dele foi dito por seus discípulos Platão e Xenofonte. E por que não existe nada escrito por ele? Será que ele existiu ou é apenas uma lenda?

Você sabe por que não se fala de pessoas que viveram no século passado? Ou pelo menos nos últimos 50 anos?

O mundo gira em torno de uma ideia que foi definida pelos então dominadores deste mundo. O restante do povo só poderia aprender aquilo que eles queriam que fosse ensinado. Como eu poderia aprender algo diferente, se nas escolas só se ensina aquilo que eles querem? Por que nossos pais também falam coisas que são ligadas àquilo que eles ensinam? Será que daquela época até agora não existiram outros homens inteligentes com quem também podemos aprender?

Nossos governos implantaram nas escolas uma grade escolar tão antiga que parece que não há ninguém que possa elaborar planos melhores. Mas, na verdade, é isto que acontece: o que foi determinado por eles é o que deve ser ensinado.

Vamos explicar por partes, pois há muita coisa por trás desse fato:

1. Por que ensinar a ideia de um homem que viveu há mais de 2 mil anos?
2. Por que falar de alguém que ninguém conheceu? É fácil dizer (da boca pra fora) quem ele era, não é mesmo? Eu posso muito bem dizer o que eu quiser e que ele falou isso ou aquilo, fazer do jeito que eu quiser, pois eu domino a ciência; se eu escolho os cientistas para escrever o que eu quero, não haverá ninguém para contestar, pois eu tenho o poder. Ninguém que vive nos dias de hoje pode dizer que o conheceu, então eu crio uma personagem para poder falar aquilo que eu quero. E é assim que tem sido feito.
3. Sendo assim, qual é a razão para eles ensinarem esse tipo de conhecimento, como se ele fosse um homem que viveu há mais de 2 mil anos, com palavras de hoje? Todas as coisas se expandiram. A tecnologia avançou. Só não mudou o entendimento. Ainda se ensinam as mesmas coisas nas escolas.
4. Então, eu o coloco como um homem muito inteligente, um homem diferente, como ninguém nunca viu, para que haja uma crença de que o que aquele homem falou é verdade, para que todos possam basear sua fé naquilo que, na verdade, não existe.
5. Por isso Jesus Cristo falou que naquela época já existia o espírito do anticristo, que haveria de se manifestar, e até hoje ele está no mundo enganando as pessoas, fazendo o que bem quer, ensinando tantas crenças. É claro que eles teriam que escrever que esses homens viveram **antes** de Cristo, pois, de outra forma, teriam que falar de Cristo (e não era isso o que eles queriam). Por que eles não adotaram os ensinamentos de Cristo? Por que nas escolas não se fala de Cristo? Dizem que seria religião. Mentira! Pois quem matou Jesus foram justamente **os religiosos**, e até hoje é a mesma coisa: eles não deixaram e não deixam que os ensinamentos de Cristo sejam explicados nas escolas.
6. Você acha que esses homens realmente existiram? Eu não vejo ninguém duvidar da existência deles, mas vejo muitas dúvidas quanto à existência de Jesus como filho de Deus.

7. Tudo foi criado por eles da maneira que eles achavam que deveria ser.
8. A única coisa que as escolas fazem é falar do passado, contando histórias a fim de tomar tempo e lugar na mente dos jovens, para que eles não aprendam nada.

5.2 O anticristo e a elite mundial

Agora, então, estamos na era da manifestação do anticristo. Vemos movimentos no mundo todo. Eles estão aplicando um novo golpe: preparar o povo para a vinda do anticristo. Mas antes que isso ocorra, Jesus virá para buscar os escolhidos; ainda bem!

Qual é, então, a nova **política** da vinda do anticristo? É colocar todo mundo para adorar aos deuses deste mundo. O amor ao dinheiro, o amor às coisas do mundo, tudo isso está difundido nas igrejas (na maioria delas). Estão acontecendo muitos negócios colocando-se Deus no meio; alguns até colocam Jesus, mas falam de um Deus que você pode escolher seguir – desde que você se dê bem e ganhe dinheiro. Isso tudo é para que se cumpra o apocalipse. (Ec. 5:10, I Tim. 6:10, Is. 55:2, Mi. 1:11, At. 8:18, Mt. 14:11, Ap. 6:6)

Quais são os **métodos** que eles vão usar para continuar enganando? Eles estão aplicando esses métodos de várias maneiras, porém o foco é um só: o **amor ao dinheiro**, aos deuses deste mundo. Eles criam um negócio para você participar e ganhar dinheiro. E você vai ganhar, pois chegará uma hora em que todos terão muito dinheiro. Sabe por quê?

Dinheiro. Veja bem: de todo o dinheiro que existe no mundo, 94% está com eles (a elite mundial). Já falamos sobre isso. Sendo assim, já que eles têm todo o dinheiro em seu poder, agora eles o liberarão para fazer você crer que o Deus que eles defendem é o Deus verdadeiro, que fez todos eles prosperarem.

Mas... quem faz parte da elite mundial? Precisamos esclarecer isso, para que você saiba que eles não estão longe de você.

Eles lhe dizem para não ter medo do diabo, mas não para temer a Deus – para que você vá se acostumando com as trevas. Partindo do ponto de vista da fé humana, para mim apenas uma coisa ainda falta acontecer neste mundo: a vinda de Jesus. Todas as outras coisas já aconteceram: "o que é já existiu; e o que há de ser também já existiu; Deus trará de novo o que já passou" (Ec. 3:15).

Tudo aquilo que é devido a mim já foi, já existe, já está pronto. O que é bom Jesus preparou para mim; o que é ruim o diabo está preparando para os pecadores para, com ele, eternamente, queimarem no fogo do inferno.

Todas as coisas já existem, basta eu acreditar que Cristo já pagou por mim.

Toda vida humana já existia antes da criação do mundo – falo da vida espiritual.

5.3 Filhos do diabo

Assim como Deus nos enviou para que façamos discípulos de Jesus, também o diabo enviou discípulos para fazerem seus discípulos, correndo o mundo e pregando a mentira, e também seus filhos estão sendo gerados no ventre de mulheres que já nascem com pecados gerados na mentira, no ódio, na prostituição, na feitiçaria, no adultério. São os filhos do diabo, filhos do pecado: "Nisto são manifestos os filhos de Deus e os filhos do diabo. Qualquer um que não pratica a justiça e não ama seu irmão não é de Deus" (I Jo. 3:10).

Jesus nasceu de uma mulher e foi gerado como um homem normal, na carne, e, depois de ser aprovado por Deus nas suas obras espirituais, Ele ressuscitou e foi glorificado no Pai para exercer seu ministério espiritual, que já existia.

Da mesma forma, o diabo está gerando filhos espirituais nas suas obras do pecado e, após concluídas as obras, ele então vai reencarnando de pessoas em pessoas, fazendo discípulos dele para as batalhas contra o ser humano. Ele cria filhos espirituais para batalhar contra o bem; cada filho que ele gera é um soldado no seu ministério. Ele precisa de filhos gerados na carne para poder agir na carne a fim de fazer as pessoas pecarem contra a carne. Somente o pecado traz a morte da carne, e, matando a carne, o pecado mata o espírito humano, para a condenação da alma, que é a vida do espírito humano. Essa morte é a morte espiritual e da vida eterna. Se a pessoa não tem o espírito de Deus, ela já está morta pelo pecado. É por isso que ele precisa de pessoas que tenham seu espírito, para que esse espírito induza a alma a pecar. Isso também vai influenciar no grande dia, quando haverá grandes batalhas espirituais.

Esses filhos estão sendo preparados para este mundo.

Agora todo mundo está falando da mente. É comum ouvir grandes escritores, palestrantes, psicólogos, neurologistas, psiquiatras falando da mente humana. Muitos estão ensinando como treinar sua mente. A mente, como eu já falei, não funciona em qualquer plano futuro sem o espírito. Todo homem que está no pecado está morto, seu espírito está adormecido, sem a vida de Deus, e quem está dominando essa mente é um espírito do mundo.

Quando estamos falando de treinar a mente, estamos falando de treinar o espírito que está em uma pessoa, embora ela não tenha consciência disso. Ela se lembra do dia em que perdeu a consciência? Ela não sabe; somente o espírito dominador é que sabe para onde a está levando. E ele fica, então, ouvindo certas entidades que dizem treinar a mente para poder administrar essas coisas na vida, fazendo com que as pessoas se acostumem com isso. É só treinar a mente para se conformar com tudo o que está acontecendo. Porém, esse treinamento é apenas para a pessoa não dar ouvidos, para que ela esqueça. Na verdade, está-se treinando esse espírito para fazer com que as pessoas pensem assim. Pensem que o mundo é assim, pensem que a vida é assim. Contudo, há nela um sentimento que ela não entende, mas ela sente que falta algo para completar sua vida de amor, alegria, e esse é o poder da sua alma. Mesmo estando refém do espírito do mundo, ela sabe que falta algo para que ela se torne completa.

Às vezes, estamos em um lugar e sentimos algo nos dizer: "Saia daí... Vá embora... Não faça isso...". Há sempre algo que nos avisa: é o Espírito Santo querendo nos livrar. Porém, como não o conhecemos, não o obedecemos, por haver algo dentro de nós que não nos deixa tomar a decisão.

E esse espírito dominador engana todas as pessoas. Elas estão à procura de algo, mas os principados e potestades inventam muitas coisas para nos entreter, inventam coisas que fazem até o planeta sofrer, e dizem que tudo isso é para o bem da humanidade. O povo, que está cego, não vê, porque na verdade essas pessoas já estão no mundo dos mortos.

Eles inventam mais trabalho, inventam coisas para as pessoas gastarem todo o dinheiro que conseguem com tanto trabalho. Eles têm uma solução mentirosa para tudo, e a cada dia que passa mais atarefadas as pessoas estão e mais problemas elas têm. Vão destruindo a família, destruindo o casamento, destruindo a fé e a saúde.

É claro que a sabedoria humana nunca vai entender o sobrenatural. Mas o pior disso tudo é que muitos escritores ainda não entendem o sobrenatural de Deus, não entendem as coisas espirituais. A teologia fala que toda verdade é emanada de Deus, que não há verdade que não venha de Deus, pois as coisas do mundo não são verdades. O espírito do mundo não fala a verdade, só entende quem tem o espírito de Deus. O espírito de Deus fala do céu, o espírito do mundo fala do mundo. O espírito do mundo tenta sempre satisfazer seus filhos com os prazeres do mundo, para fazer com que se esqueçam de que eles podem procurar diretamente a Deus e ter a verdade revelada.

5.4 Feitiçaria

Até mesmo uma pessoa que é livre do mal pode receber ataques dos espíritos deste mundo em vários sentidos:
1. Pode ser que uma pessoa tenha um espírito do mundo que não goste dela e quer o mal para ela. Ele vai até um terreiro de

macumba, onde aquele representante de Satanás vai fazer o que eles chamam de "trabalho", mas na verdade ele vai pedir aos espíritos maus que ataquem aquela pessoa em determinada área. Por exemplo, se ele quer que um casal se separe, o espírito vai determinar aos espíritos, que já estão treinados com a mente humana e que conhecem toda a vida daquela pessoa, desde a primeira até a quarta geração, que entrem em batalha com os espíritos do bem. Se essa pessoa não está no mal, o espírito não pode lhe fazer nada; ele vai procurar brechas, mas não vai encontrar, porque essa pessoa está na luz. Por mais que ele coloque seu exército de espíritos maus para trabalhar, não vai conseguir, porque Jesus já a libertou e não há maldição nela. Porém, se essa pessoa estiver no pecado, então os espíritos vão procurar nas obras dela algo que ela tenha cometido da primeira até a quarta geração e vão atacar essa pessoa contra seu casamento, fazendo acontecer com ela tudo o que aconteceu com seus antepassados. Essa pessoa não vai entender a maldição que está acontecendo. Somente Deus poderá resolver a situação dela. Mas, para Deus resolver, ela precisa também de uma pessoa espiritual que tenha o espírito de Deus, para que ela tenha poder para expulsar esse mal que está nela. Somente uma pessoa com o Espírito Santo pode quebrar esse malfeito contra essa pessoa. Ela precisará receber a luz.

2. A feitiçaria é conhecida por todos como macumba. Macumba são também as palavras liberadas contra uma pessoa. É por isso que Paulo escreve na sua carta que nós temos que estar "revestidos do capacete da salvação", estar protegidos para quando essas palavras vierem contra nós. Nossas palavras são o poder. O diabo precisa de palavras que ele possa usar na destruição dos seres humanos. Todo o poder está nas palavras. Se uma pessoa profere uma palavra contra outra pessoa, ela é uma feiticeira. Tudo o que é contra Deus é feitiço, e nós estamos rodeados de feiticeiros, que a toda hora proferem palavras ruins.

3. O feitiço pode entrar por vários lugares na vida de uma pessoa. O pensamento é uma das ferramentas mais usadas pelo diabo. Ele não sabe que estamos pensando de certa forma, mas percebe se estamos pensando o mal ou o bem, porque quando pensamos também sentimos, e se sentimos começamos a liberar amor ou ódio, raiva, tristeza, ciúme, inveja, adultério etc. E ele sabe disso, por causa desses sentimentos liberados por nossa alma. Nossa alma libera por meio do sangue. Vou simplificar: é como se fosse uma onda, uma frequência, e tanto o espírito do bem como o do mal podem identificar o que aquela pessoa está sentindo. O ataque destruidor contra a pessoa enfeitiçada acontece quando a pessoa é incrédula, porque o espírito de Deus opera por meio da fé e o espírito do diabo, por meio da incredulidade, por isso uma pessoa que tem fé não é enfeitiçada.

5.4.1 Espíritos da feitiçaria

Os espíritos estão em muitos lugares. Eles são como a areia do mar. Não podemos dizer "vou a tal lugar para me livrar deles", mas há lugares preferidos pelos espíritos. Se você não pertencer a eles e frequentar um lugar de adoração a Lúcifer ou seu templo, eles na hora saberão que você não pertence a eles, e você será atacado. Eles estão até na igreja, mas nós não podemos frequentar o seu templo. Aquilo de que ele mais gosta é adoração.

E como adoramos a Satanás? Tudo o que fazemos que não é para o senhor Jesus é para nós ou para Satanás. A Bíblia diz: "tudo fazei como se fosse para o Senhor".

1. Se dançamos em alegria, é por qual motivo?
2. Se compramos, é por qual motivo?
3. Se estou feliz, é por qual motivo?
4. Se tenho filho, é para qual propósito?
5. Se tenho mulher, é para qual propósito?

6. Se visto uma roupa bonita, é para qual motivo?
7. Se dou algo para alguém, é por qual interesse?
8. Se ajudo alguém, é por qual motivo?
9. Se vou à igreja, é por qual motivo?
10. Se uso um perfume, é por qual motivo?
11. Se uso uma roupa íntima que ninguém vê, é por qual motivo?

A maior adoração a Satanás hoje acontece nas suas igrejas.

Foram criadas religiões falsas para Satanás ser adorado e fazer os crentes adorarem a ele, enganados.

Temos hoje muitos cantores que se declaram evangélicos, mas é só engano: sua música nada mais é do que adoração a Satanás. Claro, ele tem seu ministério de louvor, mas agora quer ir mais além, quer entrar nas igrejas evangélicas, católicas etc.

5.5 O homem do céu e o homem da terra

Tudo começou na antiga Babilônia, onde se formou o Império Babilônico. Nesse reino adoravam a um Deus chamado Marduque, adoravam a imagem do rei Nabucodonosor como a um leão. A Babilônia foi conquistada no ano 539 a.C. pelos persas, liderados pelo imperador Alexandre, o Grande.

O curioso é que é comum ver no Brasil templos religiosos construídos com semelhança aos templos da antiga Babilônia. A Bíblia também fala da Nova Babilônia, que será construída sobre areia fina (Ap. 18:10-21).

O **homem da terra** tem sua vida ligada às coisas da terra; o **homem do céu** tem sua vida ligada às coisas do céu. Adão e Eva eram do céu, mas, depois que perderam a glória de Deus, passaram a ser da terra. Antes de pecarem, eles não conheciam o mundo. Eles eram do céu. Quando Satanás, que é dominador deste mundo, disse a Eva: "Se comeres desta árvore, conhecerás o mundo do bem e do mal", e ela o obedeceu, eles deixaram de ver o reino de Deus e passaram a ver somente as coisas do mundo. Não viam mais como conseguir algo se não fosse pelo poder humano.

Eles viviam no reino de Deus, eram supridos em tudo pelo Criador. Eles apenas administravam as coisas do reino aqui na terra. Mas, como consequência do pecado, foram expulsos do reino de Deus, do Paraíso (Gn. 3:17).

A geração de Adão (nós) era para ter crescido experimentando o reino de Deus, e **para conhecer o reino de Deus é preciso conhecer Deus**. Eles conheciam Deus e viviam sob a dependência d'Ele. Deus os alimentava. Nossa geração deveria habitar uma terra onde não houvesse morte, doenças nem violência, mas, por causa do pecado, a terra se tornou maldita (Gn. 3:17).

Deus ordenou a Adão e Eva que não comessem do fruto da árvore do conhecimento. Qual seria essa árvore do conhecimento (Gn. 2:9)? Você saberia dizer qual é essa fruta ou até mesmo essa árvore?

Na Bíblia encontramos o seguinte: "Vendo a mulher que a árvore era boa para se comer e agradável aos olhos, e a árvore era desejável para dar entendimento, tomou-lhe do fruto e comeu e deu ao seu marido e ele comeu" (Gn. 3:6).

Deus, que conhece todas as coisas, perguntou a Adão quem o fez comer da árvore, e ele respondeu: "A mulher que tu me deste para ser minha esposa me deu e eu comi". Então disse Deus a Eva: "Que é isto que tu fizeste, mulher?". Respondeu a mulher: "A serpente me enganou e eu comi". E Deus castigou a serpente, Eva e Adão. Ele disse à serpente: "Porei inimizade entre ti e a mulher, entre tua descendência e o seu descendente, este te ferirá a cabeça e te ferirá o calcanhar".

Deus então dá uma sentença para cada um. É por isso que desde então o homem, quando vê uma cobra, procura logo ferir-lhe a cabeça. Nunca vi ninguém, ao matar uma cobra, bater no corpo dela, mas sim na cabeça. Isso está ligado à questão espiritual: uma pessoa que vê as coisas com o poder da mente humana vê o mundo.

Porém, uma pessoa que vê as coisas com a mente de Cristo (mente espiritual) vê as coisas do céu. Essa é diferença entre o homem carnal e o homem espiritual, os filósofos e os cientistas, neurologistas, estudiosos etc. Dizem que a mente do homem é poderosa e diferente de pessoa para pessoa, que a diferença é verdadeira, mas como isso é definido não explicam, porque se trata de uma mente governada pela alma humana e de uma mente governada pelo espírito de Deus. Essa é a diferença. Você pode acompanhar nossa explicação mais adiante sobre a mente humana e a mente de Cristo.

Deus deu uma ordem para não comer da árvore.

Deus estava falando de qual árvore? Uma árvore de folhas, da natureza, ou Deus estava falando de conhecimento?

Veja bem: o livro de Gênesis (3:6) diz que a árvore é "agradável aos olhos e desejável para dar entendimento". Assim, quando eles comeram do fruto da árvore, imediatamente se abriram os olhos de Adão e Eva. Isso quer dizer que até aquele momento a mente deles não conseguia pensar e ver o mundo natural, tanto que eles nem mesmo viam que estavam nus.

O entendimento surgiu quando a serpente Satanás então falou à mulher, e ela acreditou e experimentou ouvir a serpente.

O livro Provérbios, 3:18, diz que "a **sabedoria** é **árvore** que dá vida a quem a abraça; quem a ela se apega será abençoado". Mais adiante, em Provérbios, 11:30, diz-se que "o **fruto da retidão** é vida, aquele que conquista almas é sábio". Provérbios 13:12 esclarece que "esperança que se retarda deixa o coração doente, mas o anseio satisfeito é **árvore** de vida".

"Aquele que tem ouvidos, ouça o que o Espírito diz às igrejas: ao vencedor darei o direito de comer da **árvore da vida** que está no Paraíso de Deus" (Ap. 2:7). Jesus disse: "Eu sou a videira verdadeira e meu Pai é o agricultor. Todo ramo que estando em mim não der fruto Ele corta, todo que der fruto Ele poda para que dê mais fruto ainda. Vocês já estão limpos pela palavra que tenho falado".

Ora, que árvore é essa? Desde o princípio essa árvore já existia.

A Bíblia fala que a serpente era a mais astuta de todos os animais da terra. Quando fala de **sabedoria**, **árvore do conhecimento**, ensina que a mente de **Adão** ainda não tinha o tal entendimento. Ele apenas conhecia o bem.

Mas a serpente, que teria vindo do céu conhecendo todas as coisas, assoprou na orelha de Eva e disse que se ela comesse do fruto da árvore do conhecimento, saberia do bem e do mal e seria igual a Deus. Nesse momento, seus olhos se abririam, e foi aí que aconteceu a queda. Ora, a árvore está falando de **poder** e **conhecimento**. Quando ela conheceu as coisas do universo que Deus criou, começou a pensar como Lúcifer pensou quando estava no céu. Ela queria ser igual a Deus. É o que acontece com essa geração de hoje: ninguém mais obedece a ninguém, não há governo que receba a unanimidade dos povos contra uma revolta, todos querem que as coisas sejam do seu jeito e que lhes agradem. Essa é a manifestação do espírito de Lúcifer, o dragão que deu poder à besta para enganar todas as nações.

Deus expulsou Adão e Eva do Paraíso, e eles foram morar fora do poder de Deus, fora da bênção de Deus e fora do reino.

Deus recolheu seu favor do reino ao ser humano. Após algum tempo, Deus prometeu a Abraão que mandaria o Salvador, que daria sua vida a todos aqueles que nele cressem. Estes teriam vida eterna. A promessa era de que todos que abençoassem Abraão seriam abençoados, e aqueles que amaldiçoassem Abraão seriam amaldiçoados.

Logo, Abraão é usado por Deus para liberar sua promessa a ele para um povo vindouro, que viria crer em Deus não pelas obras, mas pela fé, e essa fé é Jesus.

Todo o Universo é controlado por Deus. Assim entendem todos os cientistas e filósofos. Mas por que não entendem que Deus também quer controlar os seres humanos?

5.6 Nova vida, Novo Testamento

Todo irmão deve se tornar um defensor do seu irmão com o poder de oração.

Deus volta a perdoar seu povo, dá mais uma chance e manda o Salvador Jesus. Aquele que estava no princípio. Aquele que fez todas as coisas agora volta de maneira diferente. Aquele que estava no Paraíso. Aquele que **Adão** e **Eva** conheciam no Paraíso pela fé, pela obediência à palavra de Deus, que teria dito "não comerás". E o Salvador veio em forma de homem para que fosse mais fácil entendê-lo.

Aquele que dava todas as coisas a Adão e Eva no jardim do Éden vem propor novamente uma aliança para que o homem possa ter mais uma chance de salvação por meio da **palavra viva**, a **árvore da vida**.

Diz a Bíblia que os querubins guardavam a árvore da vida desde o jardim do Éden (Gn. 3:22). Deus colocou a leste do jardim do Éden querubins e uma espada flamejante que se movia, guardando o caminho para a **árvore da vida** (Gn. 3:24). Essa árvore estava sendo guardada e foi liberada para aqueles que creem que Jesus é a palavra. Jesus é o espírito da palavra viva. Ele disse que o reino de Deus está próximo. Eis que, na verdade, já está aqui. O reino de Deus chegou.

Que árvore é essa? Por isso está escrito: a lei e os profetas duraram até João. Mas agora Deus abriu os céus e derramou Seu espírito sobre toda a terra, e quem crer receberá a coroa da vida.

Que árvore é essa?

O reino de Deus foi liberado para quem?

O reino de Deus foi liberado só para aqueles que crerem em Jesus Cristo e o obedecerem para nascer de novo (Mt. 13:11, 9:35, 3:2 e 4:8).

CAPÍTULO 6
INVERSÃO DO REINO QUEM É JESUS?

....

6.1 A lei que condena e a lei que liberta

A lei que me condena é a lei que julga por um poder, e só este mesmo poder pode me libertar. Sou julgado e condenado porque não obedeci à lei. Esta é a lei de Moisés.

A outra, que liberta, é a lei do amor, e por falta de amor sou condenado, mas se eu amar serei absolvido da lei de Moisés.

Na lei espiritual, não são os homens que julgam, mas Deus, e essa lei é o amor de Cristo Jesus. Amar é fé, não ama quem não tem fé.

A lei de Moisés me condena, mas a lei de Jesus me absolve. Quem está sob a lei de Moisés está condenado, está morto, porque nele falta Deus, o amor, porque na lei do amor o mesmo que julga é o mesmo que absolve, porque a lei do amor é Cristo.

Na lei dos homens, o que pede condenação não é o mesmo que julga.

Mas o amor não me liberta apenas de uma acusação, mas sim de todas as acusações do inimigo, e me torno livre para sempre.

Os **religiosos** estão pregando até hoje a lei do Velho Testamento, como se nós fôssemos salvos por ela, como se Jesus não tivesse morrido por nós. Sem Jesus não haveria salvação, porque todos pecaram.

Se não fosse pela graça que nos foi dada, para que possamos buscar em primeiro lugar o reino de Deus e a Sua justiça, não haveria salvação. Porém, temos que **buscar** a salvação. E esse ato de **buscar** não é apenas buscar. Jesus disse: "Aquele que deixar tudo por minha causa será recompensado nesta vida e na vida vindoura".

Mas essa busca é pela fé. Não podemos servir a dois senhores (Mt. 6:24).

Nós, cristãos, queremos às vezes a salvação, mas não queremos deixar tudo por Jesus. Somos iguais ao jovem rico, que ficou triste quando

Jesus lhe mandou dar tudo o que tinha. Queremos seguir Jesus, mas não queremos deixar nosso amor ao dinheiro.

Ora, se eu sou cristão, eu tenho que crer no meu Deus. Se acredito que Ele é meu pai, Ele vai suprir minhas necessidades, se eu trabalhar para Ele. Porém, tem gente que só quer ter. É lógico; Ele disse: "Não vos preocupais com o que haveis de comer nem de beber ou de vestir" (Mt. 6:25).

Para provar que o reino de Deus tinha chegado, Jesus foi até um lugar aonde o povo ia para ser curado, chamado tanque de Siloé. E estava ali um homem que havia 38 anos estava acamado, sem poder se levantar. Jesus lhe perguntou o que ele queria, e ele respondeu: "Estou aqui há muito tempo e não tem ninguém que me ajude a entrar no tanque. Toda vez que a água vem, alguém entra na minha frente e eu não consigo entrar". Então Jesus lhe disse: "Levanta, pega tua cama e anda". Imediatamente o homem se levantou e ficou curado.

O povo dependia daquela água do tanque de Siloé para ser curado ou tentar ser curado, mas Jesus provou que o reino de Deus estava ali para que todo aquele que cresse no filho de Deus fosse curado e tivesse a vida eterna. A cura não estava nas águas do tanque de Siloé, mas sim no reino de Deus, que estava ao alcance de todos, por meio de Jesus.

Ainda nos dias de hoje, as pessoas correm atrás de alguém que lhes possa ajudar usando água benzida, toalhas ungidas etc. Mas Jesus disse: "Quando quiseres alguma coisa, entra no teu quarto e ora em silêncio ao pai, e o pai em silêncio concederá o teu pedido". Para que isso aconteça, ele ensinou: primeiro busque o reino de Deus e a Sua justiça (Mt. 6:33), as demais coisas serão acrescentadas.

Como dizia o reverendo Myles Munroe: o que é participar do reino? Aquele que entrar no reino de Deus estará obrigado a obedecer seus princípios, leis e estatutos. **Entrar no reino** nada mais é do que crer a ponto de sentir que de mim sai algo que pela fé é sobrenatural; a ponto de entender que tudo que preciso fazer é obedecer ao meu Rei.

Entrar no reino é nascer de novo, deixar-me envolver pelo Espírito de Deus, crendo em tudo que Deus vai fazer por meio do sobrenatural.

Entrar no reino é ter acesso às chaves do reino de Deus.

Entrar no reino é estar envolvido no mesmo espírito para discernir as coisas de Deus, para ser conhecido no seu reino.

Entrar no reino é passar a ser conhecido do Rei e, a partir daí, ter acesso às chaves da provisão de Deus.

Para **entrar no reino**, é preciso ter as chaves do céu. As chaves do céu correspondem a produzir os frutos do espírito, que são: "**amor, gozo, paz, longanimidade, benignidade, bondade, fé, mansidão, temperança**" (Gl. 5:22).

Entrar no reino é sair do mundo natural e abrir mão das coisas deste mundo.

Jesus disse: "aquele que não deixar tudo por minha causa não é digno de mim".

Jesus disse que Ele é a verdade; e a verdade é a palavra; e a palavra verdadeira é a palavra espiritual; e a palavra espiritual é a palavra viva; e a palavra viva é Jesus. E que tudo foi feito por intermédio Dele; nada sem Ele se fez (Jo. 1:1-9).

Entrar no reino é usar a chave, que é Jesus. Tudo o que é verdade é Jesus; e tudo que é Jesus está correto, e tudo o que está correto leva ao Pai, e o Pai, por amor ao Seu filho, concede.

Entrar no reino não é apenas conhecer a palavra escrita, mas conhecer a palavra viva e recebê-la na forma espiritual.

Entrar no reino é conhecer a palavra verdadeira como uma semente vindoura que, após crer, receberá.

Entrar no reino não é fazer curso de teologia e conhecer tudo o que os homens interpretaram sobre a Bíblia.

Entrar no reino é não (precisar) ter conhecimento das revelações humanas.

Entrar no reino não é apenas ler toda a Bíblia para dizer: "Eu conheço a palavra".

Entrar no reino não é somente ter uma religião e fazer parte dela.

Entrar no reino é ter o conhecimento da palavra verdadeira participando da verdade, o Espírito em Cristo.

Entrar no reino é obedecer os princípios que Jesus ensinou.

Entrar no reino é alimentar-se da palavra como o corpo de Jesus e sentir-se satisfeito para sempre.

Entrar no reino é beber da água de Jesus e nunca mais ter sede.

Entrar no reino é trilhar o caminho da verdade, e essa verdade é Jesus.

Entrar no reino não é conhecer como funcionou o reino de Davi.

Entrar no reino é conhecer como funciona o reino de Deus pelos princípios de Jesus.

Entrar no reino é crer que a palavra está na minha boca e dela vou colher o que eu plantar.

Entrar no reino é descobrir que Deus usou a palavra para fazer tudo o que existe no mundo, e essa palavra é Jesus.

Entrar no reino é ler a palavra e crer. Ouvir a palavra, que é viva, que é espiritual e que gera fé para novo nascimento.

Entrar no reino é praticar as obras de Deus determinadas em seus estatutos.

Entrar no reino é receber o Espírito Santo, pois só Ele pode nos dar acesso às chaves do reino de Deus (I Jo. 2:27).

Entrar no reino é receber autorização para entrar no reino pela obediência.

Entrar no reino é ter a mente de Cristo.

Entrar no reino é passar a amar as coisas do céu e deixar de amar as coisas do mundo.

Entrar no reino é estar ligado ao Pai, às coisas do céu, às leis do céu, à vida do céu, e amar a vida no céu com Deus.

6.2 Como receber os benefícios do céu

Para receber os benefícios do céu, eu tenho que:

- Estar ligado à palavra verdadeira.

- Estar ligado à fé na palavra.
- Estar ligado às promessas de Deus.
- Estar ligado aos princípios da palavra.
- Seguir todos os mandamentos e estatutos de Deus.
- Reconhecer que dependo totalmente do Rei.
- Os benefícios do céu são as promessas de Deus de que vamos estar com Ele na glória para sempre.
- Entender que sou filho de Deus, não o próprio Deus.
- Entender que tudo o que eu quero está nele.
- Entender que não preciso buscar as coisas deste mundo.
- Entender que ele me suprirá de todas as minhas necessidades enquanto eu estiver aqui neste mundo.
- Entender que aqui sou um embaixador de Jesus.
- Entender que não estou aqui para ser servo do governo humano, mas para falar sobre um governo celestial.
- Entender que estou aqui para trazer as boas-novas para os que creem em seu filho amado Jesus.
- Entender que não há outro nome a se procurar, ou outro poder, a não ser Jesus.
- Entender que Jesus falou de dois mandamentos apenas: 1) amar a Deus sobre todas as coisas e 2) amar ao seu próximo como a si mesmo.
- Entender que Ele não veio trazer uma religião.
- Entender que todo conhecimento do céu só pode vir do céu.
- Entender que a palavra já foi revelada para os que estão em Cristo Jesus e não há mais nenhuma palavra a ser revelada, a não ser o que já foi revelado por Jesus.
- Entender que os milagres que Jesus fez foram a demonstração da palavra revelada aos que creram.
- Entender que o anticristo já está operando há muito tempo sobre os escolhidos.
- Entender que o que Jesus falou para João no livro de Apocalipse é verdade, e isso já está acontecendo.

- Entender que a primeira besta a que João se referiu já existe e que já foi revelada aos seus.
- Entender que somente o Espírito Santo vai me dar entendimento de tudo isso.
- Entender que para receber o Espírito é preciso crer.

6.3 Herança antecipada

A parábola do filho pródigo, o filho que requereu do pai a herança antecipada (Lc. 15:15).

A parábola fala de uma pessoa que requer de Deus sua herança antecipada. Deus nos promete salvação. Promete que quem obedecer a ele receberá o galardão no céu. Jesus falou que quem for fiel até o fim vai herdar a coroa da vida eterna, por isso devemos entender que a riqueza que Deus nos prometeu encontraremos na casa de Deus, onde vamos viver eternamente. Aqui estamos só de passagem.

Muitos crentes estão requerendo de Deus sua herança antecipada.

Vão à igreja e pedem casa nova, carro novo, casamento, dinheiro, entre tantas coisas, e se esquecem da promessa de salvação. Assim que perceberem que o que estão querendo é só um desejo do seu coração, verão que ele trouxe muitas dores para a sua vida. Por isso há muito engano sobre quem é Deus (Ma. 7:27, I Tm. 6:10).

6.4 A mente humana e a mente de Cristo

A mente humana só pensa nas vontades da carne. Não há coisa boa nela, por isso a palavra de Deus fala: "porque os que são segundo a carne inclinam-se para as coisas da carne, mas os que são segundo o espírito, para as coisas do espírito, porque a inclinação da carne é morte; mas a inclinação do espírito é vida e paz, porquanto a inclinação da carne é inimizade contra Deus, pois não é sujeita à lei de Deus, nem em verdade o pode ser" (Rm. 8:5-9). Portanto, os que estão na carne não podem agradar a Deus.

"Quem comete o pecado é do diabo; porque o diabo peca desde o princípio. Para isso o filho de Deus se manifestou: para desfazer as obras do diabo" (I Jo. 3:8).

"Qualquer que é nascido de Deus não comete pecado; porque a sua semente permanece nele; e não pode pecar, porque é nascido de Deus" (I Jo. 3:9).

"Nisto são manifestos os **filhos de Deus e os filhos do diabo**" (I Jo. 3:10).

Qualquer que não pratica e não ama a seu irmão, não é de Deus.

- Como podemos nos definir como filhos?
- Se pecamos, somos filhos do diabo?

Ora, o homem carnal vive tentando saber como funciona a mente humana. Ouça o que dizem os filósofos, os neurocientistas, os psicólogos, os cientistas etc. Para eles, a mente funciona da seguinte maneira: "A mente humana é dividida em muitas partes e quando usamos determinada parte da mente temos tais comportamentos".

Outros neurocientistas dizem que a mente humana é um mundo sem fim.

Alguns psicólogos dizem que a mente humana depende muito do comportamento dos pais.

Outros dizem que a mente do homem é formada até os 10 anos de idade, que a mente é um mundo infinito e que cada ser tem comportamentos diferentes em razão da sua cultura etc. Qual é, então, a verdade sobre tudo isso?

1. A Bíblia diz que o homem foi formado da terra. Adão foi o único homem que Deus criou.
2. Não se pode dizer que os homens têm comportamentos diferentes porque são de regiões diferentes, povos diferentes

ou culturas diferentes.
3. Todos nós somos descendentes de Adão, logo, como poderíamos ter mentes diferentes se somos filhos de uma semente só?
4. Vejamos o que diz a palavra de Deus em Apocalipse 12:4: "E a sua cauda levou após si a terça parte das estrelas do céu e lançou-as sobre a terra; e o dragão parou diante da mulher que havia de dar a luz, para que, dando ela a luz, lhe tragasse o filho".

Sendo Adão criado por Deus à imagem e semelhança de Deus, jamais na mente humana ou na mente de um filho de Deus haveria espaço para comportamentos diferentes aos de Adão antes de ele cometer o pecado. Após Adão cometer o pecado dando ouvidos à serpente, ele passa a ter a mente ocupada por Satanás e começa, então, a ter a visão do homem carnal guiado por seus desejos.

Neste mundo em que vivemos, podemos afirmar que todos aqueles que estão na prática do pecado não são filhos de Deus. Se não são filhos de Deus, são filhos do diabo (I Jo. 1:3-10).

6.5 O que eles fizeram com a mente humana?

Eles criaram inúmeras teorias para enganar o povo. Nas escolas, ensinam exatamente o que está escrito nos livros de alguns escolhidos deles e impregnam a cultura e a adoração com as ideias do humanismo, ateísmo e evolucionismo.

Tudo o que eu quero já está pronto por Deus, apenas tenho que buscar. Porém, se não souber buscar, eu busco errar. Como foi que eles me ensinaram? Eu não sei buscar a coisa certa – que é o poder de Deus –, mas busco o poder do homem conforme eles ensinaram.

Eles fizeram as coisas ao modo deles para que eu não acredite em Deus Jesus. É por isso que muitos trabalham, trabalham, mas não conseguem resultados positivos.

Eu preciso ter uma certeza, e essa certeza virá pela fé, mas eles preparam a mente humana para crer na sabedoria humana. Quando a pessoa tenta buscar algo pela fé, ela não consegue, porque seu foco está naquilo que foi preparada para crer: na sabedoria humana, guiada pelo sistema humanista – o eu.

Quando eu estou com a mente aberta para o mundo, então o mundo entra em mim, e esse mundo é cheio de muitos males. A mente aberta faz isso: segundo o autor do livro *Foco*, Daniel Goleman (mesmo autor do livro *Inteligência emocional*), quando eu tenho somente um foco, isso me permite ignorar o(s) outro(s).

Por isso, quando eu foco em Deus, estou ligado a ele, e não permito que minha mente foque em outra coisa, as vozes de espíritos enganadores não chegarão ao meu espiritual porque eu estou dando toda a minha atenção a Deus.

A mente da pessoa tem uma velocidade, como se fosse um automóvel: a velocidade vai depender do motorista que está no volante.

Goleman, no livro *Mais poder*, também afirmou que, se Deus desse mil reais para um jovem pobre, a primeira coisa que ele faria seria comprar um iPhone. Por que ele tomaria essa decisão? Porque ele foi ensinado assim. A mídia a toda hora fala nesse aparelho, e todos têm um aparelho desse. Quem tem o aparelho é "o cara". Na verdade, o espírito que ele recebeu é que tem essas vontades. Mas por que ele não pagaria suas dívidas ou não faria uma poupança a fim de investir o dinheiro? Porque o foco dele está em ter um telefone. Mas isso é suficiente? Não. O foco errado faz com que tudo aconteça da forma errada. Afinal, por que ele não fez o que deveria fazer, por que não tomou a atitude certa? Porque o espírito que está nele tomou essa decisão. Até mesmo querendo fazer diferente, ele teve que fazer a vontade daquele que domina seus pensamentos. Se fosse o homem que controlasse seus pensamentos, ele saberia tomar outras decisões.

Os neurocientistas dizem que determinadas pessoas resistem mais às tentações que outras porque usam uma parte do cérebro chamada córtex frontal para controlar as tentações. Mas o que leva uns a resistirem e outros não? Isso depende do espírito que está na pessoa, a que esse espírito está ligado, com o que está acostumado ou como foi treinado. Ele gosta daquilo para que foi treinado. Também depende do que ele faria aquela pessoa gostar ou por qual área ele levaria aquela pessoa a se apaixonar (aprisionar).

A palavra tem o poder de mudar meu modo de pensar porque **da maneira que eu penso, é**. E por que eu penso? Quem é que me faz pensar? Quem colocou esses pensamentos em mim? Se eu penso, eu ouço; se eu ouço, eu sinto; e, se eu sinto, isso gera em mim uma crença.

Por isso, quando estamos pregando uma palavra ou palestrando ao público, se os ouvintes estiverem gostando, eles se ligam na palavra, mas se não eles não se ligam (não se conectam), não dão atenção. Se eu creio no que estou ouvindo ou concordo com o que ouço, o espírito entende como bom ou útil e manda para o cérebro. Se não, joga no esquecimento.

Se a informação é boa, eu recebo para o lado bom. Se for ruim, eu recebo para o lado ruim. Mas se a minha mente não tem o conhecimento da verdade do que ela quer, então fica infrutífera e passa a receber tanto a informação ruim como a boa, porque ainda não sabe separar ou bloquear as ruins.

O homem precisa focar em um assunto e seguir. Mas o que vemos é que muitos sabem disso, mas não conseguem fazer, não conseguem **focar**. Por quê? É preciso mudar os pensamentos e não a mente, pois a mente é que armazena tudo o que ele recebeu na sua vida. Mas quem faz o homem pensar nessas coisas que estão na sua mente? É o espírito. Para eu mudar meu modo de pensar, eu tenho que mudar de espírito. Tem gente que muda de espírito, porém recebe um novo espírito do mundo, e este vai fazer essa pessoa focar em outras coisas do mundo que esse novo espírito traz. Esse novo espírito é uma terceira pessoa, um novo ser.

Mas tudo caminha para que o homem se torne seu próprio Deus. Assim é o que estão fazendo com as mentes humanas: na verdade, é o espírito de engano que as leva a entender que o poder está nelas. É verdade; porém, eles dizem que o poder é no "eu" homem. Na verdade, é o que está dentro de nós, é o espírito de Deus. Este sim pode ser nosso poder infinito, poder de salvação e eternidade. Mas o poder do homem é limitado e mortal.

O diabo faz a cabeça das pessoas. Elas só são aquilo que são. Se nunca vi nada diferente, eu só sei o que me ensinaram na escola, com os pais, com os amigos na faculdade etc., eu sei das coisas do homem.

É por isso que o diabo, por meio dos seus filhos, ocupa todos os lugares na terra, onde ele pode mandar e ter o poder para dominar. Só existe uma maneira de dominar o ser humano: por meio da mente. A mente é um órgão espiritual que ninguém até hoje conseguiu entender pela sabedoria humana ou pela ciência.

Por isso, ele procura ocupar a mente das pessoas com coisas deste mundo, colocando tantas coisas para elas admirarem e trabalharem para poder ter. E para ter tem que ser com muito esforço, acreditando no dinheiro e no poder.

Outro método final de destruição da mente humana são os telefones *smartphones*, que, pela internet, possibilita a todos estarem conectados em uma só rede. Todos aceitaram. De maneira que quem está de fora olha e diz: é um povo de outro planeta.

Um dia eu estava em viagem em um aeroporto esperando dar o horário do meu voo, e tinha ali muita gente também esperando. Todos eles, sem exceção, estavam navegando na internet. Eu passei por várias vezes na frente deles para ver se alguém observava que eu estava passando ali. Ninguém me viu. Todos estavam como mortos, todos alienados. Posso dizer que cerca de 10% poderia estar a negócio, mas, seguramente, 90% estava conversando coisas da vida sem nenhum valor. Isso me chamou a atenção, pois vi que as famílias não têm mais diálogo, os filhos não falam mais com os pais. Isso veio trazer a confirmação de que todos estão com a mente tomada por esse espírito da nova era, espírito de domínio da mente.

Outra força devoradora que está a cada dia mais forte no mundo, principalmente no Brasil, após ter passado pelos Estados Unidos e devorado a fé daquele povo, são os religiosos, os anticristos que estão pregando para todo lado com apoio financeiro e grandes estruturas, que levam a mensagem para o mundo pregando coisas que Jesus não mandou pregar: um evangelho de Satanás, um evangelho de engano, tudo para reduzir a força daqueles pastores e apóstolos de Deus que estão trabalhando para o reino, tentando levar a verdade. Eles levam um evangelho da heresia com discursos convencedores. Nada de salvação, apenas entretenimento, para que o povo foque naquilo que eles estão pregando e esqueçam a promessa de Deus.

Tudo o que eles fazem é colocar medo no povo, em vez de colocar coragem em Deus. Eles só falam que o diabo faz isso e faz aquilo, mas não dizem o que Jesus os mandou dizer. Em tudo colocam o diabo para que o foco seja o diabo, e não Deus.

No livro de Levítico consta que a nossa alma está no sangue, por isso ela vai passando de pai para filho. Tudo o que estava nos meus pais, avós, bisavós e tataravós está no meu sangue em um percentual diferente a cada descendência, e tudo o que eles falaram e fizeram está arquivado em mim e é transmitido pelo sangue. Isso tudo está em nós, e o espírito que lê a alma das pessoas sabe exatamente o que os pais fizeram no passado.

Muitos neurocientistas acham que a força do homem está na mente. Sim, é verdade, porém a mente é apenas um livro que está sendo lido pelo espírito que está na pessoa e se manifesta de acordo com aquilo que está nela para se comunicar com outras pessoas pelo poder do espírito, e não da mente. O conteúdo está na mente, mas a execução é espiritual.

O cérebro é usado para transmitir a força do espírito por meio dos pensamentos, das obras. O cérebro é um receptor de informação, e o espírito, por meio do cérebro, faz o homem pensar, sentir, ter desejos, porque sua alma está no sangue, e os espíritos têm conhecimento dos atos que o homem fez por meio do cérebro. Se o espírito conseguir acessar a mente do homem, ele conseguirá dominá-lo.

Quando o espírito acessa a mente do homem, se for um espírito do mundo, ele vai realizar os desejos que estão no sangue da pessoa, mas se o espírito for de Deus, ele vai rejeitar os desejos do sangue e vai guiá-lo para o caminho da verdade.

Os espíritos imundos estão soltos em todos os lugares e ouvem tudo o que nós falamos, porque a palavra, quando é liberada, sai voando e fica até cem anos no ar, e os espíritos a pegam e a transformam em acontecimento.

Quando estamos presos em algo, seja de qualquer natureza, principalmente traumas, medo, ódio, ira, ciúmes, isso está na nossa mente como um governo do espírito que está em mim. Quando eu quero pensar em outra coisa, ele não deixa.

Se penso que o que vou fazer "vai dar certo", esse espírito rouba meu pensamento e volta ao pecado, e minha mente então começa a pensar como antes: "não vai dar certo".

6.6 O espírito e a mente humanos

O espírito funciona como um radar: quando quero fazer algo diferente, ele não deixa antes que eu consiga dizer para mim que eu consigo. Ele vai na frente, e o que prevalece é o meu problema. Esse radar sabe tudo de que eu gosto, porque todos os meus desejos estão no sangue, e ele tem conhecimento porque conhecia meus pais, meus avós, meus bisavós. Ele vem ocupando a mente de pai para filho, por meio do sangue (Sl. 51:5).

O cérebro é um radar usado por Satanás para acessar nossas vontades. Ele só transmite para meus sentimentos tudo o que está na minha alma. Ele se conecta com o homem **por meio da alma do homem, autorizado pelo pecado**.

Nossa alma é uma só coisa com nosso corpo, porque nosso corpo está cheio de sangue e a alma está no sangue e tudo está no sangue; nossa genética, tudo está definido no nosso sangue. Se eu não trocar meu sangue, não troco minha genética.

Por isso, quando sentimos algo diferente, o nosso corpo também sente, o pecado se manifesta.

O espírito age na mente e a alma age no corpo. Por isso, nossos desejos estão na alma e no sangue.

Só o espírito pode trazer alegria – se esse espírito for de Deus. Caso contrário, a pessoa que não tem o espírito da verdade não tem alegria e nunca vai encontrá-la. A alegria que o espírito do mundo proporciona é só por um momento.

Quando a minha mente é governada pelo espírito de Deus, todos os meus desejos doentios ou sem vitória são esquecidos, ou até mesmo ficam sem significância, pois o que o espírito de Deus passa para a pessoa é muita paz. É sobrenatural, coisa inexplicável.

Os neurocientistas falam que quando duas pessoas estão conectadas em um assunto em concordância, há melhor entendimento. Sim, é verdade, porém eles estão conectados por qual sintonia?

Por isso, Jesus falou que "onde duas pessoas ou mais concordarem com alguma coisa aqui na terra, será aceita pelo meu Pai que está no céu". Então, quando duas pessoas se ligam em uma concordância, o espírito que está em uma pessoa leva a mensagem para a mente da outra pessoa por meio da sua audição ou do seu pensamento, e o espírito que está ali recebe em concordância. Se os espíritos de ambas as partes forem o mesmo, haverá concordância se os interesses forem iguais; porém, se os espíritos forem diferentes, cada um de um ministério de Satanás, então haverá disputa entre eles e eles serão rivais, mesmo os dois pertencendo ao inferno. Já se os espíritos forem de Deus, os dois têm o mesmo entendimento e não haverá discórdia, pois o espírito é Deus.

Seis coisas que preciso saber sobre minha mente:
1. Quem me faz pensar?
2. Quem me faz decidir sobre o mal e o bem?
3. Quem tem raciocínio das coisas?
4. Quem ousa estar falando com uma pessoa e pensando em outra?
5. Quem está fazendo amor com uma pessoa e sentindo prazer com outra pessoa?
6. Quem é que me faz fazer aquilo que não quero? (Rm. 7:14)

Quem me faz pensar: o espírito ou a mente? Exemplo: quando sintonizamos uma rádio, quem fala é o rádio ou é uma pessoa? Claro que é uma pessoa. O rádio apenas serve para receber as informações que foram enviadas pelas ondas.

A mente só vai pensar se eu a colocar para pensar. Ela, por si só, não tem lógica. Quando a mente pensa sozinha é como um rádio fora de sintonia, só chia, é como um animal que não sabe o que pensa.

O homem tem o hábito de não usar sua mente para pensar. Ele usa a mente de outras pessoas e se esquece de controlar a sua. Diz muitos ditados, mas na verdade o espírito que está na pessoa é que controla o pensamento e não a deixa buscar a verdade e pensar em Deus. Ele conta a história de outras pessoas, mas não conta a dele.

Ele não sabe se vai dar certo aquilo que pensa, não tem a matemática da eficiência de todas as coisas, apenas daquilo que ele está vendo. Mas o espírito que está em nós aprende coisas que estão dentro de nós, isto é, na nossa mente, na nossa alma. Tudo o que eu ouço fica armazenado na minha mente, e o espírito que é guia vai fazer acontecer tudo o que está na minha mente, que entrou por meio da audição e pelas imagens e toques corporais, que ficam nos sentimentos e nas emoções da minha alma.

Uma mente de criança, por exemplo: quando nasce, é vazia, mas no seu sangue tem todo tipo de pecado que seu pai e sua mãe cometeram, se os pais viviam no pecado. Mas a mente da criança ainda está fisiologicamente vazia. Logo, se a mente está vazia, não estamos falando de matéria, estamos falando de algo que se registra de forma invisível, embora o cérebro da criança já exista.

Se a mente da criança "não tem nada", então a força não está na mente, mas na alma, no sangue, está naquilo que minha mente vai receber como desejo. Com o tempo, então, essa criança começa a se desenvolver e a ter os comportamentos que seus pais tinham.

Mas, à medida que se desenvolve, essa criança vai aprender coisas que ela não conhecia, coisas que não nasceram com ela. Essa criança, ao se tornar adulta, estará com a mente pronta, cheia das coisas do mundo, cheia do que ela viu, ouviu e sentiu, mas não é só isso: ela terá comportamentos de seus antepassados. Essa criança começa a desenvolver tudo o que aprendeu. Porém, o seu caráter, o seu **eu**, pode não ser nada daquilo que ela aprendeu.

Tem criança que cresce em lar bom e comete coisa que os pais não entendem, não sabem onde ela aprendeu aquilo. Está provado que quem faz não é a mente, e sim o espírito que está nela, e ele vai atentar essa pessoa para que ela repita tudo o que seus pais faziam. Se esse espírito é do mundo, ele trará sua experiência vivida em outros seres em quem ele vem reencarnando, fazendo as pessoas pecarem.

Tudo o que o espírito traz consigo de onde ele veio ele coloca para manipular a mente humana. Claro que o espírito precisa se adaptar à mente, pois trata-se de espírito, e o espírito só consegue fazer a alma realizar no material usando um corpo, e para isso tem que haver um domínio sobre a mente.

Mas quando um espírito assume uma mente, ele vem com determinação dos seus superiores para que ali ele faça o serviço do seu ministério: se ele veio naquela pessoa para gerar filhos, vai gerar filhos para ela; se veio para matar, vai matar e destruir aquela família; se veio para fazê-la ser rica, vai fazê-la ficar rica; se veio para destruir sua fé, vai trabalhar para destruir a fé.

Porém, ele precisa conquistar a mente da pessoa, fazendo com que ela acredite naquilo, e, para isso, ele precisa treinar essa mente a se comportar e gostar daquilo a que ele está se propondo, e amar de todo o coração e se entregar àquilo que o espírito está propondo, para que haja validade para o inferno e que não venha depois a pessoa arrependida querendo mudar de plano, porque aí ele já estará selado.

O diabo tem conhecimento da nossa alma por meio dos nossos antepassados. Ele conhece tudo o que meus pais, meus avós e meus bisavós fizeram. Ele trabalha exatamente com os pecados deles porque tem autoridade sobre os pecados, e trabalha a mente da pessoa para repetir tudo o que seus antepassados faziam.

Se seus pais se separaram, ele trabalha na sua mente para que você creia que também vai se separar.

Se seus pais tinham o pecado da idolatria, ele vai trabalhar com o pecado da idolatria, porque ali ele tem legalidade.

Se seus antepassados eram adúlteros, ele também vai trabalhar para que você repita esse padrão.

Já observou o fato de que em quase todas as famílias tudo acontece com os filhos como aconteceu com os pais?

Se os pais tiveram relação sexual antes do casamento, os filhos e filhas também terão.

Se uma mãe teve relação sexual aos 15 anos, suas filhas provavelmente também terão. Se um pai tinha envolvimento com roubo, com mentira, com engano, os filhos também terão. O que estou falando não tem nada a ver com a genética, não estou dizendo que eles puxaram para os pais pelo fato de serem seus filhos biológicos, mas por serem seus filhos espirituais. Claro que ele usa a alma para saber todas as legalidades que há no sangue, porque tudo está ligado a uma palavra ou obra.

Quando os pais geram um filho, da relação entre o casal gera-se um filho carnal que deve ter suas características carnais, por pertencer à mesma genética, e esse filho pode ter todos os hábitos dos pais, avós e bisavós.

Mas há coisas que se repetem e que não são genéticas, como eu falei anteriormente. E por que os filhos repetem seus pais, avós e bisavós?

Agora encontramos a prova de que não é a mente que já nasceu assim, e sim que, após a pessoa nascer, começam a aparecer essas características.

A desobediência, por exemplo. Você pode observar uma criança ainda quando está engatinhando: ela já sabe o que não é para fazer, mas ela faz, ela engatinha para um lado da mesinha da sala para puxar a toalha, mas antes de puxar ela olha para trás sabendo que não é para fazer aquilo.

Tem criança de 3 meses que controla os pais. Chora porque sabe que se chorar eles vão pegá-la no colo. Vi crianças de 5 anos que mandam nos pais de forma que eles não percebem. Fazem coisas absurdas e os pais acham graça, mas mais tarde eles vão ver que criaram um monstro.

Alguns chegam até a matar os pais.

Primeiro: quem falou para ela ainda pequena que não era para fazer? Que aquilo era errado? Ela é ainda uma criança sem entendimento, porém o espírito que está nela não é criança, ele vai fazê-la realizar todos os pecados dos pais e muito mais. Ele pode ter vindo de muito tempo e vai agir naquela criança até ela crescer ou até matá-la, ou até que se cumpra o que foi determinado para aquele espírito. Eu estou falando de certas crianças, e não de todas as crianças. Nem todas são iguais, porque tem criança que é consagrada antes de nascer ou até antes de ser gerada pelas palavras liberadas pelos pais. Muitos chamam isso de maldição, e é maldição para os que não estão na fé de Jesus. A maldição visita os filhos dos pais até a quarta geração. Porém, quem nasceu de novo está livre da maldição; só está debaixo da maldição aquele que não creu no evangelho de Jesus.

Por esse motivo, uma criança deve ser abençoada antes de nascer. Jesus foi abençoado antes de nascer, João Batista foi abençoado antes de nascer, todas as pessoas que vemos na Bíblia e que foram de Deus foram abençoadas no ventre de suas mães, já com propósito e promessa ou até antes de nascer, como é o caso de Jesus, Jacó, Isaque etc.

Ninguém pode gerar filho sem propósito. Todo filho tem que ter um propósito. Isaque foi gerado com um propósito, João Batista foi gerado com um propósito, Jesus foi gerado com um propósito, entre outros.

Mas o que acontece com o ser humano que não tem entendimento espiritual? Ele acha que gerar um filho é apenas deixá-lo nascer, mas não sabe que ele precisa ter seu caminho traçado ainda no ventre da mãe, a fim de que a maldição não venha visitá-lo e tomar a sua mente, isto é, que libere palavras espirituais para que outro espírito não venha a se apossar dela.

Jesus, com 8 dias, foi apresentado para Deus na igreja. Por que Ele foi apresentado? Porque o anjo do Senhor já tinha dito qual era o propósito da vinda de Jesus para a terra antes de ele ser gerado. Isso não poderia ser mudado.

O anjo disse até como Ele iria se chamar.

Quando Deus falou com Abraão, ele disse que Abraão teria um filho e que aquele filho seria pai de multidões.

Mas a maioria dos filhos de hoje nasce sem ser planejados pelos pais, e os pais que planejam não têm propósito. Quando os filhos crescem, ficam procurando o que serão no futuro. Muitos jovens que não sabem por que vieram ao mundo ficam procurando o que serão, e muitos são frustrados e não sabem por quê.

Minha filha Mayraian Prado, de 17 anos, é um exemplo. Ela vivia me perguntando o que ela seria quando crescesse. Ela dizia: "Será que vou ser médica?". E tenho muito diálogo com ela, assim como também com minha filha mais nova, Sara Ester, de 12 anos, que teve um tratamento diferente, pois na sua geração nós já éramos conhecedores da palavra.

Mas ela foi uma filha desejada, e sua mãe, Albenizia Prado, dizia: "Eu quero ter uma filha assim: grande, inteligente e bonita". Ela pediu como ela queria que a filha nascesse, e assim nossa filha nasceu.

Meu único filho, Fábio O. Prado, de 30 anos, é de outro casamento. Quando descobri essas coisas, ele já havia nascido. Já depois de grande eu disse a ele o que ele seria. É claro que a essa altura ele já deveria crer, porque já tinha entendimento, mas as palavras têm poder e ele é um homem muito honesto, trabalhador e fiel, honra os pais e teme a Deus, claro. Como eu falei, até que eu descobrisse esse mistério, meu filho já tinha cometido algumas repetições dos pais, cometendo os mesmos pecados, mas hoje tudo mudou. Ele me deu um neto, que já está com 10 anos, o Anildo Neto.

Minha filha mais velha, Kerolaine Naiara Prado, também do casamento anterior, no início deu muito trabalho. Tudo porque quando foi gerada não foi dentro de um propósito, mas hoje ela é uma bênção de Deus e vive nos caminho de Deus, e também me deu um neto, Gabriel, e uma neta, Rebeca.

Com a filha mais nova não foi diferente. Ela pediu coisas diferentes. Minha esposa dizia: "Essa filha vai ser 'massa' igual ao pai, vai ser bondosa, minha filha vai ser uma filha de Deus". E tudo foi conforme ela pediu.

Se fosse hoje, eu pediria muito mais, claro: pediria primeiro a Deus um filho ou uma filha para tal fim.

Mas os espíritos têm dificuldade de agir nas pessoas, por isso eles vêm de geração em geração, evoluindo de pessoa para pessoa. Eles vão evoluindo, vão aprendendo com a alma como o homem funciona.

1. Para andar no natural, o espírito precisa do corpo.
2. Para falar a língua dos homens, precisa do corpo.
3. Para fazer o mal, precisa do corpo.
4. Para fazer o bem, precisa do corpo.
5. Para fazer o homem e a mulher pensarem em algo, precisa do corpo.

E qual é a parte do corpo que o espírito precisa para realizar seus propósitos? A **mente**.

Assim, o diabo vem fazendo seus filhos usando o corpo das pessoas (I Jo. 3:10). Segundo a doutrina espírita, existem os espíritos evoluídos. Por que eles trabalham os espíritos? Porque os espíritos ainda não podem fazer nada com o ser humano se não for pelo pecado consumado. Os espíritos precisam ser treinados para enganar o homem. Eles têm que conhecer tudo o que o homem faz, mas para isso eles têm que possuir o corpo, e esse corpo é a mente da pessoa. Os demônios não podem fazer nada com quem está na verdade.

O propósito das trevas é fazer com que o ser humano se adapte aos planos do diabo para que, quando chegar o anticristo, a humanidade não tenha medo ou não o reconheça. Logo, quando o anticristo for revelado, aparecerão pessoas que já tiveram relacionamento com os espíritos e que não estranharão sua geração.

É por esse motivo que vemos tantos filmes de demônios, desenhos de demônios: para já ir preparando o povo para viver no inferno do qual fala o livro de Apocalipse, isto é, os mil anos.

Os espíritas também chamam isso de reencarnação. Os espíritos vão passando de pessoa para pessoa até se aperfeiçoarem. Após isso, eles já conhecem mais o ser humano na sua forma física.

Esses espíritos, após a morte do homem, saem e reencarnam em outra pessoa da família ou em alguém mais próximo, a depender do propósito para o qual foram designados. Ali eles vão passar os conhecimentos que tiveram com aquela pessoa anterior, para irem aprendendo mais com os humanos e fazendo com que aquele ser trilhe o caminho das trevas.

6.7 A alma humana

Alma. O ser humano ainda não sabe nada sobre a alma nem sobre o espírito, apenas sabe como funciona o corpo.

A teologia tenta explicar a existência de Deus, mas não consegue explicar a alma e o espírito, se existem alma e espírito ou se os dois são o mesmo. Isso deixa claro que somente pode explicar a existência de Deus aquele que veio do céu, o Espírito Santo. Como posso ministrar uma faculdade para um ser humano para explicar algo cujo assunto principal é a existência dele, que eu não sei? Deus é espírito, logo, se eu não sei explicar a existência do espírito, não sei explicar a existência de Deus. Aliás, pouco se sabe acerca do sobrenatural.

Como já disse, eles estão trabalhando a mente do povo. Primeiro eles preparam as crianças. Depois que estão adultos, eles trabalham com outras estratégias. Porém, tudo está ligado ao espírito que ele recebeu nos primeiros dez anos de idade, principalmente. Essas coisas não se apagam tão facilmente. Em seguida eles trabalham a mente dos adolescentes, depois dos jovens e depois dos adultos. Mas tudo está ligado à infância. A mente de uma criança é mais fácil de programar, porque ela ainda não tem nada, então não tem necessidade de **substituir**, é só **criar** as crenças dentro da mente delas sobre aquilo que está no sangue, chamado de alma ou espírito.

Porque também Cristo padeceu uma vez pelos pecados, o justo pelos injustos, para levar-nos a Deus; mortificado, na verdade, na carne, mas vivificado pelo Espírito, por meio do qual pregou aos espíritos em prisão, os quais noutro tempo foram rebeldes, quando a longanimidade de Deus esperava nos dias de Noé, enquanto se preparava a arca; na qual poucas (isto é, oito) almas se salvaram pela água (I Pe. 3:18-20).

CAPÍTULO 7
O GOVERNO MUNDIAL, O REI OU OS PRINCIPADOS

Esse governo que está operando neste século vai continuar. Eles já definiram a política econômica, cultural e social do mundo inteiro, e brevemente vão entrar na esfera espiritual. Você pode observar que muitas pessoas que antes eram ateias agora estão falando de Cristo. Muitos até brincam com o nome de Cristo, colocando-O como um homem comum, como um menino, como psicólogo, como qualquer outro nome, porém Jesus é Deus.

Na Europa, por exemplo, foi assim. Foi pregado o evangelho, a maioria aceitou, mas com o tempo foram-se criando religiões diferentes com doutrinas diferentes, e começou uma disputa entre os religiosos. Assim, a fé foi acabando. A França, por exemplo, é o maior país ateu. Os Estados Unidos também já foram um país evangélico. A maioria, porém, é de crentes desanimados, frios, que não conhecem o espírito da verdade, pois foram enganados com doutrinas de demônios. Assim estão fazendo com o Brasil. Há tantas religiões que agora começaram os ataques de uma igreja contra outra. Isso é para tirar o povo da fé e gerar filhos na iniquidade.

Está Cristo dividido, por acaso? Essa politica é uma ação do anticristo para que se comece a caminhar para o fim, e o povo continua a adorar a primeira besta.

Mas o propósito deles agora é fazer a mente do povo pensar diferente. Pensar no poder que o homem tem. Eles falam que você só é pobre porque não ajuda as pessoas, não construiu nada para ninguém, não fez uma poupança etc. Tudo isso é muito bom: eles estão falando dos princípios da palavra de Deus.

Entretanto, eles não falam do Deus verdadeiro, nem ao menos que Jesus salva. Aí mora o perigo. Porque parece tudo muito bom, uma vez que estão ensinando princípios da palavra de Deus. Mas é tudo só engano. É exatamente o que fizeram nos Estados Unidos e na Europa. Estou falando de países que se denominavam cristãos. Ocorre que cristianismo e Igreja católica são a mesma coisa.

O que eles querem e vão implantar são conhecimentos humanos. Que desse conhecimento eles tenham acesso à sabedoria humanista, que prega que todo o poder está no homem, na sua mente, que o homem pode todas as coisas se ele confiar no seu eu. Isso é planejado exatamente para que, quando o anticristo se manifestar, todos creiam que do homem é possível sair alguém assumindo o papel de "Todo-Poderoso". Segundo essa doutrina, o homem precisa conhecer o seu poder, seu potencial, e ele consegue as coisas pela força do homem, e não pela fé.

Isso é só para tirar a atenção do homem do poder de Cristo.

Os neurocientistas dizem que dependo do esforço da minha mente para toda conquista porque somos preparados para isso.

Sim, nosso cérebro foi preparado para receber todo tipo de instrução, não importa de onde.

Quem é que sabe tudo o que está na minha mente senão o meu espírito?

A Bíblia fala que o homem que está no pecado está morto. Ela está falando da morte espiritual. Ora, se o espírito do homem está morto e tudo é definido pelo espírito, qual é o espírito que habita naquele que ainda vive no pecado? Quem dirige sua mente?

Mas a questão está em termos o poder de fazer ou não fazer. Na mente estão as coisas boas e as ruins, e quem decide escolher é quem tem o domínio. Romanos, 7:15, diz: "pois o que faço, não entendo; porque o que quero, isso não pratico; mas o que aborreço, isso faço". "Se faço o que não quero, consinto que a lei é boa. Agora, porém, não sou eu que faço isto, mas o pecado que habita em mim" (Rm. 7:16-17).

Ora, bem claro está que tudo o que faço de errado não sou eu que faço, mas aquele que está em mim. Aquele que me faz fazer ou deixar de fazer alguma coisa é exatamente o espírito que está dominando todos os meus pensamentos com suposto "poder de decisão", tudo por causa do pecado.

Por isso, quando uma pessoa se converte, o espírito mau sai dela e ela passa a ter controle sobre seus pensamentos e crer em Deus, no poder de Cristo, e recebe o Espírito Santo, que vai guiar todos os seus pensamentos. Tudo o que estava na sua mente não tem mais valor, tudo o que aquele espírito imundo a fazia pensar não tem mais sentido e se torna esquecimento.

E quando o diabo volta para tentá-la, o Espírito Santo não deixa que ela caia em tentações que não possa suportar.

7.1 O governo mundial

Uma **organização** antiJesus Cristo tem dominado o mundo até agora (Lc. 12:21, I Cl. 15:24, Ef. 2:2, 6:12, Cl. 1:16). Tudo o que eu falei neste livro está exatamente dominado por eles. Esse é um governo mundial que governa sem que ninguém perceba ou o conheça, tudo está sob o controle dele, não há nada que se passe ou que exista neste mundo, ou que seja deste mundo, que não seja dele. O mundo jaz no maligno. Esse governo que não aparece em nome ou sobrenome está em todas as partes, mas o povo não percebe. Ele determina tudo, dominando todos os poderes. Político, Executivo, Legislativo, Judiciário, imprensa etc. Tudo o que se fala sobre poder está sob o controle dele. Muitos estão sob o comando dele, mas não sabem. É por isso que a educação é o que é, a saúde é o que é, a segurança é o que é.

7.2 Quem é esse governo

Esse governo, citado pela Bíblia como principados e potestades, é espiritual, porém ele precisa do ser humano para poder agir na humanidade.

O **governo** mundial está escrito em Apocalipse e fala exatamente como seria seu domínio antes que aparecesse em carne a segunda besta.

O governo mundial eleito por Satanás está no mundo há mais de 2 mil anos. Segundo a Bíblia: "E vi subir do mar uma besta que tinha sete cabeças e dez chifres e sobre os seus chifres dez diademas, e suas cabeças um nome de blasfêmia" (Ap. 13:1).

Muitos religiosos e teólogo dizem que essa besta ainda não existe e que ela virá somente no final do mundo, e eu lhe pergunto: se ela não veio ainda, então os que nasceram antes ou os que aqui vivem hoje estão livres da besta, uma vez que ela virá só no final? Os eleitos não vão passar pela segunda besta, mas pela primeira, sim. A palavra diz: "a respeito do qual [o anticristo] tendes ouvido que havia de vir, e agora já está no mundo" (I Jo. 4:3).

Quem é a besta da qual João falou? Ele disse: "e ninguém possa comprar ou vender, senão aquele que tiver o sinal, ou o nome da besta, ou o número do seu nome".

Sinal da besta: quem sabe os sinais da besta? Quais são os sinais da besta? O sinal da besta está em todo lugar. Esse sinal só os principados sabem e conhecem. Foram eles que criaram e eles se falam por meio dos sinais. O governo mundial é superorganizado. Controla, como já falei, todas as finanças do mundo. É ele que cria as riquezas e dá para quem ele quer o poder de mandar e governar da maneira que ele quer.

Como é que eles dominam?

Os principados e potestades elegem seus dominadores, que exercem seu papel por meio dos poderes constituídos por eles mesmos, e os dominadores recebem o espírito de domínio, agindo até mesmo dentro das igrejas.

O governo mundial criou para seu domínio todos os poderes, para dominar todo ser humano e tudo o que há no mundo.

7.3 As religiões

As religiões foram criadas por eles. Foram eles que determinaram a forma da religião em toda a terra, para terem o controle de tudo.

O governo mundial foi criado por eles para dominarem toda a terra e criarem as imagens da besta, para que todos a adorassem. E todos adoraram a besta.

Quais são os sinais da besta?

São tantos os sinais que podem ser vistos em todos os lugares: algumas igrejas têm o sinal da besta; a maioria das pessoas já adorou a besta por meio da adoração ao seu nome ou ao seu sinal.

O governo mundial tem o controle da religião. É ele que mantém a maioria dos grandes templos, que são construídos com o apoio do governo. Eles fizeram tudo para enganar o povo, porém não previram que, por meio da religião que eles ajudaram a criar, muitos encontrariam Jesus. O propósito deles, porém, não é que o povo creia em Cristo, mas que continue no engano da religião para que o reino de Deus não seja pregado.

Por mais que os sinais do anticristo estejam já visíveis, os religiosos não conseguem ver. Eles até aceitaram o sinal.

7.4 O governo mundial manda em tudo e em todos

- É ele quem constitui os partidos políticos.
- É ele quem coloca todos os seus assessores, após o político dele ser eleito.
- O governo controla todos os Executivos municipais; não há um sequer que eles não controlem.
- Ele controla todos os governos estaduais.
- Ele controla todos os governos federais.
- Ele controla todo o poder Legislativo.
- E controla todo o poder Judiciário.

Todos os poderes em que você pode pensar, eles controlam. Até um presidente de associação de bairro. Porém, os que estão no poder não sabem que estão sendo controlados por eles.

O governo mundial controla ainda a advocacia, a medicina, a

segurança, o esporte, a política, a indústria, a pecuária, a agricultura, o sistema elétrico, o sistema agrário. Tudo por meio de uma legalidade chamada lei.

Sobre a advocacia: o governo mundial controla a advocacia por meio das leis e do Judiciário. As leis brasileiras são tão confusas que nunca se chega ao fim. Os advogados têm muita dificuldade para trabalhar, pois as leis, os regimentos da Justiça, são muito complicados, o governo tem o controle dos maiores cargos no Judiciário e lá coloca os seus representantes – juízes, desembargadores, ministros e procuradores. Enfim, tudo acaba nas mãos de seus superiores.

Os advogados podem até trabalhar bem, mas o julgamento não é o que se esperava. Os processos judiciais são sempre decididos de acordo com o interesse do governo mundial. Não que os juízes não queiram fazer da forma correta, mas não são os juízes que criam as leis.

Eu me lembro de muitos episódios judiciais de quando eu era presidente do sindicato no estado de Rondônia. Eu tive muita dificuldade, consegui muitas vitórias, mas não foi por causa da lei que nos favorecia apenas: os governos estaduais falhavam, e então nós aproveitávamos as falhas do Executivo.

Assim, vejo muitos advogados esforçando-se para trabalhar, mas com o sistema implantado neste mundo é difícil. Assim, também vimos que a maioria dos juízes quer fazer um bom trabalho, mas o sistema não deixa.

O governo mundial vem preparando tudo para o dia da manifestação do anticristo. Esse governo que já existe prepara tudo para esse momento. Tudo está sendo preparado.

O governo mundial vai anunciar outro tipo de governo, que vai impactar o mundo trazendo novidades na forma de governar, fazendo com que todos acreditem nele, e acabará com a fome e a miséria de todo mundo. Vai acabar com a violência, vai acabar com as guerras, vai governar o mundo com o nome de governo mundial, e, após todos acreditarem nele, vai anunciar quem ele de verdade é.

Aí chegará então a se cumprir o que está escrito no Apocalipse: ele vai provar que todos aceitaram a primeira besta e anunciará um novo plano que vai colocar os cristãos em jogo. Não haverá chance de fugir ou de não aceitar.

Os religiosos não saberão como resolver essa situação, haja vista que também a maioria aceitou a primeira besta e foi enganada por ela, e buscarão a Deus, mas não haverá saída a não ser rejeitar o anticristo.

Muitos dos cristãos de hoje estão sendo enganados pela besta (a primeira), pois eles não perceberam sua chegada. Muitos cristãos religiosos foram encantados pela besta e a adoraram.

7.5 Sinal da besta

Vai aparecer alguém portando e fazendo alguns sinais, tentando dizer que aquele sinal é da besta, mas isso é só para enganar novamente, somente para distrair, enquanto o sinal da besta pode estar dentro da sua casa.

A besta primeira não é uma pessoa, é uma besta que, por meio de seu nome, sinais e número, vai enganar a todos, de maneira que todos acreditem em algo que parece ser verdade, mas é espiritual. Essa besta surgiu antes de Cristo, perseguiu-o e ainda persegue a pessoa na qual se incorporou, ou seja, o seu espírito é aquele que está escrito no Apocalipse, cujo cálculo do nome resulta no número 666. Essa besta, que se diz cristã, está operando no mundo por meio da religião. Como já falei, o problema de todas as nações não são os políticos, e sim a religião, ou seja, o Deus de cada país. A besta tem o poder do mundo. O dragão deu poder a ela, e esse poder é poder de engano.

Já existem muitos sinais da besta, até mesmo em algumas igrejas. Há muitos falsos pastores, falsos profetas que estão pregando e intitulando-se profetas, pastores e apóstolos, mas na verdade estão a serviço da besta ou do grande governo mundial, e são chamados dominadores. Não são todos, mas a maioria. Existem muitos pastores e apóstolos que são muito religiosos e querem fazer o bem, mas é difícil encontrá-los.

CAPÍTULO 8
AS TENTAÇÕES

Nós podemos receber tentações de vários tipos. A maioria delas vem pelos pensamentos. Como é que um espírito pode entrar na mente de outra pessoa e fazê-la pensar? Sim, minhas tentações surgem de mim mesmo. Sou eu que penso assim. Por que penso assim? Porque o que estou pensando é algo que está na minha mente, e os espíritos sabem porque conhecem as pessoas por meio do pecado que elas cometiam, e sabem que na mente dessas pessoas está arquivado o tal do pecado, tenha ele sido cometido por elas ou por seus antepassados. Então, eles jogam setas para que você volte a pensar naquele pecado ou usam outra pessoa que vai se encarregar de fazer a tentação vir. Tudo está no sangue, o passado está no sangue e a alma está no sangue. A alma então passa a ser tentada para realizar as obras que são do costume dos antepassados: os vícios, a falta de caráter, os sentimentos como ódio, ira, ciúmes, comportamentos maledicentes e criminosos. Prostituição, adultério, mentiras, agressão, inveja: todo tipo de mal sai da boca da pessoa, e por quê? A alma está no sangue e tudo veio no sangue, mas quem faz tudo acontecer e ser lembrado é o espírito que domina a mente das pessoas. A maldição só vai entrar em funcionamento em uma pessoa a partir de quando ela cometer o primeiro pecado, sendo o primeiro pecado exatamente o pecado que os pais cometeram, e essa é a legalidade que o diabo tem para agir na mente da pessoa. Mas se a pessoa, antes de cometer o pecado da maldição, crer que Jesus nos livrou dela, e se ela não cometer a prática do pecado, então a maldição não poderá entrar na pessoa.

A mente humana nasce vazia, segundo a ciência. Então, podemos afirmar que tudo o que está na minha mente foi preparado pela minha vida neste mundo após eu nascer? Se eu fosse somente aquilo que eu aprendesse após eu ter nascido, seria bom, mas o homem, quando cresce, começa a ter comportamentos como os do avô, do tio, da mãe e do pai, e até comportamentos inéditos na família. Por que isso?

Claro que, após o espírito tomar a mente, a pessoa vai fazer a vontade do espírito que ali está. Vai fazer coisas que nem seus pais fizeram, e isso porque a mente já foi possuída por demônios. Se a pessoa tem o comportamento de algumas pessoas que já morreram, então não é sua mente. Mas quem tem esse comportamento? Quem é que o faz se lembrar de um passado que ele mesmo não viveu? Trata-se de um espírito que acompanha a família por meio do pecado, permanecendo entre seus membros até a quarta geração.

Vamos imaginar o seguinte exemplo: um soldado, quando entra no Exército, é treinado criando crenças em sua mente e se sente preparado para defender sua pátria, e até mesmo para matar os próprios pais em defesa da pátria. Quem é que conseguiu reverter tudo o que ele tinha em sua mente quanto ao amor aos pais e à família? Foi um espírito que tomou sua mente, e ele não consegue voltar ao estado anterior. Muitos soldados, depois que saem da corporação, continuam maus porque não conseguem se livrar daquele espírito. Eles só vão mudar se trocarem seu espírito.

O homem que tem o espírito de Deus tem uma mente calma e tudo funciona bem, tudo está em ordem. Ele rejeita tudo o que está na sua alma e se orienta no caminho certo, deixando os desejos da carne.

Quando o homem não tem o espírito de Deus, ele tem o espírito do mundo, e este pode ser mais de um espírito. Nele há algo que recebe ordem dos seus superiores para agir conforme está na sua alma, fazendo aquilo que o homem não quer. É quando aparecem muitas confusões na sua mente. A mente dele fica cauterizada e ele perde o controle, não é mais ele, humano, que está no controle. Isso aconteceu comigo antes de eu receber o Espírito Santo. Eu tinha pensamentos que eu não aprovava, queria mudar, mas não conseguia, até que um dia comecei a orar dia e noite por mim, pedindo a Deus que me perdoasse e fazendo aliança com ele, dizendo que eu me arrependia de todos os pecados que eu tinha cometido, e que a partir daquela data eu não ia mais fazer o que fazia. Aí comecei a ter muitas tentações, e só me livrei quando entreguei tudo o que eu tinha de mais importante nesta vida – meus filhos, minha esposa, dinheiro. Coloquei-me perante Deus e me entreguei a ele, assim como tudo o que eu tinha naquele momento da vida. Então eu disse a Ele: "Senhor, eis aqui minha vida. Leve-me, seja feita a Sua vontade". Naquele momento, imediatamente eu fui libertado. Recebi algo como se fosse um vento que veio sobre mim, e eu estava naquele dia deitado no chão em minha casa, deitado no piso porque eu tinha hérnia de disco na coluna e não podia andar. Naquela hora eu levantei e minhas vistas se abriram. Eu vi algo diferente, comecei a ver o mundo real em que eu estava. Descobri que eu e o meu espírito viviam em outro lugar, no meio da escuridão, e passei a ver as coisas boas; a partir daí, minha vida mudou. Nunca mais eu voltei a fazer parte do mundo dos mortos. Descobri que eu estava morto, descobri que eu sonhava com os mortos, descobri que eu estava no mundo das trevas, e lá onde eu estava em espírito era exatamente o mundo dos mortos. Descobri que a minha linguagem era a linguagem dos mortos, e a partir daí eu passei a falar a linguagem dos vivos. Conheci a palavra verdadeira e nunca mais saíram da minha boca palavras do mundo dos mortos. É por isso que Jesus, quando pregava aos mortos, disse: "Vocês estão surdos, vocês estão cegos, vocês estão mortos" (I Pe. 3:19). Depois dessa libertação, eu entendi o que Jesus estava falando, pois ele pregava para os mortos. Após ter essa visão, eu entendi que tudo o que eu estava escrevendo veio do espírito e é verdade.

A Bíblia fala: "Quem sabe o que está na mente do homem senão o seu próprio espírito?". Ou: "quem é que conheceu a mente de Deus senão o seu próprio espírito?" (I Co. 2:16).

Os filhos do diabo, então, serão guiados por Satanás, que é quem domina a mente. É aí que ele estabelece para cada filho uma tarefa, e essas tarefas são fazer o mal. É o que veremos.

Nossa mente é um livro, e em cada página estão escritas todas as funções do cérebro. O espírito se conecta na alma e a alma busca no seu consciente – no cérebro – todas as coisas que estão arquivadas desde a quarta geração dos seus antepassados. Eu estou falando do espírito do mundo, que tem a incumbência de realizar as obras do passado por meio do meu sangue, que guardou as células do pecado para ser o caminho para que o espírito entre nelas e me faça sentir os desejos dos meus antepassados, a fim de eu sentir o que eles sentiam, para então poder realizar também as mesmas obras que meus antepassados realizavam. O espírito é que comanda, por meio da alma.

Quando somos convertidos de uma mente humana para uma mente de Cristo, passamos a pensar diferente: é como se eu estivesse em um veículo e passasse a ser o motorista. Os passageiros querem ir para determinado lugar, mas eu os levo para outro lugar, totalmente oposto. Pois a carne e seus desejos são o oposto do espírito. Somente o espírito nos leva a conhecimentos humanos, e o espírito nos leva a conhecimentos espirituais totalmente diferentes; o espírito do mundo nos leva aos desejos do mundo, e o espírito de Deus nos leva aos desejos de Deus. Os espíritos têm olhos diferentes dos nossos. Eles pensam diferente. É por isso que eles precisam da mente humana, dos olhos humanos para poder realizar a obra no natural, porque eles são seres sobrenaturais. É aí que os espíritos entram na mente humana, para saber o que está na mente humana, para poder acessar a alma e ver com os olhos dos homens. Porque os olhos dos espíritos do mundo estão na escuridão, eles não enxergam as coisas naturais com os olhos deles. Como estão nas trevas, eles precisam dos órgãos humanos para poder achar quem está no pecado.

8.1 Como se transmitem as coisas do espírito de uma pessoa para outra?

1. Pelos sentimentos: podem passar de pai para filho e por meio de contato social. Por meio das palavras que ouço, que ficam gravadas na minha mente. E o espírito que está em mim vai me fazer sentir o que aquela pessoa (aquele antepassado) sentia, e minha alma

concorda com isso. Para que tudo isso venha a acontecer, eu tenho que crer que se tornará verdade.
2. Por contato social: quando liberamos palavras ou sentimentos de dor, ódio, ira, alegria, bravura, miséria, homossexualidade, tristeza, angústia, traição, mágoa, intriga, amor, paz, mansidão, domínio próprio, gula, humanismo, política, enfim, tudo o que está em uma pessoa com quem eu me relaciono, por meio de qualquer tipo de contágio, é possível eu receber tudo o que está nela e que vem dos seus antepassados até a terceira e quarta geração ascendente, tudo pelo som das palavras e pela aceitação dos seus sentimentos. Eu fico ligado a ela. Mateus, 18:18, diz que "tudo que ligares na terra será ligado no céu e tudo que desligares na terra será desligado no céu".

O ser humano foi preparado para receber amor, paz, alegria, prazer etc. Porém, quando começa a se deparar com os problemas, vai entrar em pensamentos ruins, negativos, e começa a acessar o mundo das trevas e a atrair os espíritos do mundo. Aí ele entra na mente do passado, e o espírito começa então a oferecer tudo aquilo que está na sua alma. Assim, isso passa a ser o seu dia a dia.

O espírito do mundo só precisa entrar na mente do homem para realizar tudo o que está na alma do homem. Faz lembrar as coisas velhas porque nossa alma está cheia de acontecimentos bons e ruins, tudo arquivado no subconsciente, e esse subconsciente não é uma pessoa no cérebro. É o espírito, pois onde está anotado tudo o que fiz? Por isso, vão se abrir os livros para que eu seja julgado de acordo com o que estará escrito nos livros, mas aquele cujo nome estiver escrito no livro da vida, este será salvo (Ap. 20:12, 15).

Por exemplo, como pode uma pessoa ver aquilo que nunca viu?

Às vezes paramos para pensar e começamos a ver coisas no nosso pensamento que nunca vimos, sonhamos e vemos coisas e vamos a lugares em que nunca estivemos. Por que isso acontece?

Então, o espírito que está em nós e que sabe dessas coisas faz com que eu pense nas coisas que ele já viu, coisas que ele já fez alguém fazer, me faz pensar em lugares onde ele já foi muito tempo atrás. Se ele estiver na minha mente, ele faz tudo isso. Esse é o espírito do mundo.

Ele também joga setas na minha mente para que eu pense. Ele me faz pensar, e, se eu penso, eu começo a sentir; e, se eu sinto, eu posso ter desejos. A partir daí, isso vira hábito.

Não há nada em mim que possa mudar meus hábitos. Tudo depende do poder do meu Deus, do Deus dos meus pais a quem eles serviam; assim, eu sou criado no ambiente daquele Deus dos meus pais, assim eu sou.

Se eu não nascer de novo, não mudo verdadeiramente. Até posso me preparar para administrar por alguns instantes os meus interesses, mas depois volto a ser o que sou. Se sou espinheiro, dou fruto daquela espécie.

Tudo pode ser modificado na minha vida se eu mudar os meus hábitos, porém. Eis a questão.

Os destinos terrestres são determinados pela maldição ou pela bênção recebida dos meus ascendentes. Tudo são sementes que foram semeadas.

O medo é o maior devorador do ser humano.

Nós precisamos e temos necessidade de ter segurança. Sempre colocamos nossa segurança em alguma coisa, porque a primeira coisa que os demônios fazem é pressionar, fazendo você ter medo.

O homem tem sido alimentado pelo engano de que a sua segurança está nas riquezas.

Assim, quando vamos para qualquer batalha, colocamos nossa segurança nas coisas pelas quais vamos batalhar.

O policial, quando sai para cumprir o mandado da prisão de um bandido, coloca sua segurança na sua arma.

O médico, quando vai fazer uma cirurgia, coloca sua segurança no seu conhecimento.

O caçador coloca sua segurança na sua arma para defender-se de qualquer bicho feroz que venha querer atacá-lo. Mas se sua arma falhar, ele estará em perigo.

Os países das Américas do Norte e do Sul, da Ásia, do Oriente da Europa, sejam quais forem, colocam sua segurança nas suas armas.

Certa vez fui caçar com dois amigos: um deles chama-se Clemilson Bentes e o outro, Paulo Márcio. Os dois não tinham prática de caça, mas eu tinha muito conhecimento daquela mata e sabia o que estava fazendo. Ocorre que naquela região havia muitas onças, e esse era o medo dos meus dois amigos. Eu tinha duas espingardas; dei uma para eles e a outra ficou comigo. Ao chegar na mata, entreguei a arma para eles e entramos na beira de um riacho que tinha um barranco muito alto. Quando cheguei lá embaixo, eu disse a eles: "Vocês dois ficam aqui esperando o porco-do-mato e a paca" (era um saleiro onde os bichos iam comer). Já eram umas oito horas de uma noite muito escura, e eu falei que eu ia mais para adiante, onde tinha outro saleiro para esperar. Eu estava a uns 30 metros deles e fiquei observando os dois. A cada minuto eu jogava uma pedra perto deles, e eles pensavam que era um bicho que vinha chegando. Eles focavam com a lanterna para ver se viam o bicho, e nada... Após uma hora ou mais, eu fui até onde eles estavam e eles começaram a me contar o que tinham visto e ouvido, achando que era uma onça que queria pegá-los. E aí eu disse a eles: "Já pensaram se fosse uma onça, o que vocês iam fazer?". Paulo respondeu: "Eu daria um tiro nela". E eu novamente perguntei: "Com que arma?". Ele respondeu: "Eu estou com uma doze, meu irmão! Eu ia achatar a cara dela". Logo em seguida, eu respondi: "Acontece que sua arma não tem cartucho". Ele logo abriu a espingarda e viu que era verdade. E aí um olhava para o outro amedrontado, dizendo: "Como você fez isso com a gente?". Esse é um exemplo do erro que cometemos quando colocamos nossa confiança em algo que na verdade não nos dá segurança.

CAPÍTULO 9
OS MINISTÉRIOS DE DEUS NA BÍBLIA

A Bíblia fala de dois ministérios de Deus:

- Ministério de Moisés.
- Ministério de Jesus.

Mas existem os trabalhos que são eleitos como "cargos" dentro dos ministérios, que são muitos. Contudo, para a condenação se fala no ministério de Moisés, e para a salvação se fala no ministério de Jesus.

Pois tu para tua herança os elegeste de todos os povos da terra, como tens falado pelo ministério de Moisés, teu servo, quando tiraste a nossos pais do Egito, Senhor Deus. (I Reis 8:53)

9.1 Ministérios do Antigo Testamento

Quando Deus falou com Arão para levantar a tenda, Arão criou seus ministérios:

1. Ministério das vestes do santuário para ministração.
2. Ministério dos levitas.
3. Ministério do tabernáculo.
4. Ministério das coisas santíssimas.
5. Ministério da tenda da congregação.
6. Ministério de Moisés.
7. Ministério sacerdotal.
8. Ministério dos profetas.
9. Ministério de louvor.

10. Ministério da casa do Senhor.
11. Ministério de Deus.

Esses são os ministérios do Antigo Testamento, que podem ser mais do que estes, mas foram os que eu anotei. Os ministérios da Nova Aliança começaram com o ministério de Jesus. Todos os ministérios do Novo Testamento são espirituais. São eles:

1. Ministério de Jesus.
2. Ministério dos apóstolos (At. 1:25).
3. Ministério do pão, da ajuda (At. 6:1).
4. Ministério da palavra (At. 6:4).
5. Ministério do Espírito (II Cor. 3:8).
6. Ministério da condenação e da justiça (At. 3:9).
7. Ministério da reconciliação (II Cor. 5:18).

Porém, todos são apenas um: Ministério do Amor em Cristo.

Os ministérios de todos os apóstolos eram o ministério de Jesus. Ninguém pregava outra coisa, a não ser aqueles que não eram de Jesus e aqueles que, mesmo sendo cristãos, começaram a pregar as próprias doutrinas, criando ministérios estranhos à palavra de Deus. Os apóstolos seguiram o ministério de Jesus, que é o ministério da palavra, do evangelho do reino de Deus e do amor ao próximo.

9.2 Doutrina

Quando Jesus começa seu ministério na Galileia, Ele fala do seu ministério do reino de Deus e estabelece a doutrina para entrar no reino de Deus.

Mas, naquela época, já existiam os ministérios dos Sumos Sacerdotes, e eles também tinham suas doutrinas. Mas Jesus identifica da seguinte forma as doutrinas que ali estavam sendo pregadas: eram doutrinas de Satanás:

1. Doutrina dos homens (Mt. 15:9, Ma. 7:7, Cl. 2:22).
2. Doutrina dos fariseus (Mt. 16:12).
3. Outras doutrinas (I Tm. 1:3).
4. Doutrina de demônios (I Tm. 4:1).
5. Diversas doutrinas estranhas (Hb. 13:9).
6. Doutrina do anticristo (II Jo. 1:10).
7. Doutrina de Balaão (Ap. 2:14).
8. Doutrina dos nicolaítas (Ap. 2:15).
9. Doutrina de Satanás, do conhecimento das profundezas de Satanás.

Depois Jesus mostra a Sua doutrina em Marcos, 1:22-27, 4:2 e 11:18; Lucas, 4:32; e João, 7:16. Quando os sacerdotes viram a pregação de Jesus, queriam saber de onde ele teria trazido essa nova doutrina e desejaram matá-lo (At. 17:19).

Jesus falava por meio dos apóstolos que os discípulos não deveriam seguir outras doutrinas, a não ser aquela que ele tinha pregado. Ele falou por meio do apóstolo Paulo que viriam nos últimos tempos pessoas que deixariam a fé e iriam pregar doutrinas de demônios. Paulo falou da sã doutrina em II Timóteo, 3:10, e Tito, 2:1. Jesus falou em Hebreus, 6:2, sobre a doutrina do batismo, alertou que estavam sendo pregadas várias doutrinas estranhas à que Jesus pregou (Hb. 13:9), falou da doutrina do anticristo (II Jo. 1:10) e das doutrinas de Balaão (Ap. 2:14) e dos nicolaítas (Ap. 2:15), e também da doutrina de Satanás, que é a do conhecimento das profundezas de Satanás. Em tudo Ele alertou os seus discípulos para que hoje nós não viéssemos a cair nessas doutrinas de homens.

9.3 Os ministérios de Satanás

Satanás elege os seus demônios, o seu exército e o seu governo sobre a terra e sobre todos os homens e mulheres que são feitos filhos dele para estabelecer o seguinte: cada filho que é do diabo é guiado por um espírito, aqueles espíritos que caíram com o dragão e estão sobre a terra e sobre o povo desde a época de Noé.

E sobre cada um ele estabelece o seu domínio, seu governo.

Mesmo a natureza humana não querendo, ela continua a pecar e a fazer o mal, desobedecendo a Deus, para que o reino das trevas seja a cada dia mais fortalecido.

Para cada família ele estabeleceu um tipo de mal.

Satanás estabelece seus ministérios. São 33:

1. Ministério da idolatria e adoração.
2. Ministério da prostituição.
3. Ministério de louvor.
4. Ministério da doença.
5. Ministério da morte.
6. Ministério da separação de casais.
7. Ministério da discórdia.
8. Ministério da corrupção.
9. Ministério das drogas e entorpecentes.
10. Ministério das bebidas alcoólicas.
11. Ministério da traição.
12. Ministério da tristeza e da angústia.
13. Ministério da ira.
14. Ministério do ódio.
15. Ministério da feitiçaria.
16. Ministério da macumba.
17. Ministério da impureza e da lascívia.
18. Ministério da inimizade.
19. Ministério da tecnologia.
20. Ministério das emulações.
21. Ministério das pelejas.
22. Ministério das dissensões.
23. Ministério das heresias.

24. Ministério da inveja.
25. Ministério dos homicídios.
26. Ministério da glutonaria.
27. Ministério do engano.
28. Ministério da fome.
29. Ministério da sensualidade.
30. Ministério da miséria.
31. Ministério do esporte.
32. Ministério de adoração a ele.
33. Ministério da bondade, paz e sabedoria enganosas.

9.3.1 Ministério da idolatria

O ministério da idolatria é o maior ministério de Satanás e está ligado à besta. Tudo o que ele precisa é que alguém deixe de cultuar a Deus para cultuar o mundo e tudo o que o mundo oferece. Porém, o mundo jaz no maligno.

Quando Satanás tentou Jesus no deserto, ele o fez de várias formas para que Jesus aceitasse. Por último, ele ofereceu o mundo, as riquezas, o poder, o reino da terra, se Ele o adorasse. Satanás daria a Jesus todo o poder sobre os reinos da terra deste mundo.

Hoje Satanás faz a mesma coisa com o povo: ele faz todo tipo de tentação ruim, depois ele oferece o poder por meio das riquezas, oferecendo tudo deste mundo.

Para isso ele criou seus ministérios, para que as pessoas se envolvessem com eles, criando seus deuses para serem adorados, porque, por enquanto, ele tem que ficar camuflado.

Nos tempos antigos o povo já adorava a outros deuses. Na Babilônia, na Pérsia, na Grécia, no Egito e, por último, em Roma.

Os romanos substituíram o deus do sol, da lua, da fertilidade etc. pelos deuses humanos, personificados nos "santos" da Igreja Católica Romana, como Maria, São Sebastião, São José, Aparecida, Fátima etc.

Por que fizeram isso?

Os romanos, após perseguirem o povo cristão, que tinha a doutrina dos apóstolos, viram que era melhor se unirem com os cristãos para que houvesse uma só religião. Chamaram os cristãos e ofereceram cargos na igreja e no governo, e mudaram suas doutrinas, passando a ser a Igreja Católica Cristã. A partir daí, a Igreja então deu continuidade à adoração a outros deuses por meio das imagens, adorando as imagens dos santos.

Mesmo depois de Lutero ter se levantado contra alguns atos cometidos pela Igreja Católica, os protestantes não cresceram na doutrina dos apóstolos, pois estes nasceram de uma religião pagã. Eles apenas se colocavam contra alguns atos dos católicos, mas não levantaram outra doutrina a ponto de seguir a doutrina dos apóstolos de Jesus.

Mas, nos tempos de hoje, já não é só a Igreja Católica que tem seus deuses. Na maioria das religiões fala-se em um Deus que pode dar as coisas materiais, e para isso elas falam o tempo todo dos deuses.

As religiões defendem doutrinas que não estão na Bíblia, pregando que é preciso se sacrificar para ganhar dinheiro, para poder ter acesso aos seus deuses. Pregam um Deus das drogas, um Deus da cobiça, um Deus do poder, um Deus da beleza, um Deus do poder político, um Deus da bebida, um das roupas de moda, deuses dos lugares bonitos que eles elegem como lugares de turismo, um Deus do carro do ano, um Deus do esporte, dos jogos, das riquezas, do dinheiro etc., e tudo isso se faz por meio da palavra de sedução transmitida pelos órgãos de comunicação (televisão, rádio, internet), usando palavras e imagens.

Por meio dos deuses, as pessoas ficam alienadas e comprometidas com esses deuses das riquezas, esquecendo totalmente o Deus verdadeiro.

O Deus da idolatria é o mais abominável ao Deus verdadeiro. Em razão de o homem ter a natureza de Deus, ter sido criado por Deus, ele tem necessidade de adorar, de estar ligado a uma força, a um poder que lhe dê segurança. Todo ser humano tem desejo de estar perto de algo que tenha o poder de deixá-lo seguro.

Quando criou o homem, Deus lhe mostrou todo o Seu poder. Adão viu o poder de Deus todos os dias, mas quando ele perdeu a condição de estar sob o comando divino, de ser alimentado pelo poder divino, ele então teve necessidade de se aliar a um Deus. Porém, o pecado afastou o homem do verdadeiro poder e ele, não tendo mais conhecimento desse Deus, procurou satisfazer esse desejo nos deuses criados pela besta, os deuses das riquezas.

A idolatria tomou conta da mente do homem. Quando ele pecou, deu o poder a Satanás para que este governasse sua mente, seus pensamentos por ter pecado contra Deus e obedecer a Satanás. Todo o domínio da mente humana após o pecado é de Satanás. É ele quem coloca os pensamentos na mente das pessoas, assunto que vou explorar mais à frente.

A religião foi a que mais contribuiu para a expansão da idolatria. Bem antes de Cristo, o ser humano já havia se contaminado com tantos deuses.

Deus desde o princípio alertou que não aceitava outros deuses diante d'Ele (Dt. 20:4) e que se eles se prostituíssem com outros deuses, Ele destruiria seu povo, mas o pecado da desobediência estava no sangue do homem: não obedeceram e pereceram.

Portanto, a idolatria é tudo o que eu coloco acima de Deus, tudo aquilo que eu propago mais é meu deus.

Como identifico o espírito da idolatria?

Observando o deus a quem eu sirvo. Por exemplo, no Egito eles adoravam a seus deuses mais do que tudo na vida. Lá é assim até os dias de hoje.

No Brasil, qual é o deus a que adoramos? O dinheiro, dia após dia nós pensamos em ganhar dinheiro para obter as coisas deste mundo, para possuí-las. Esses são os deuses.

O dragão deu poder à besta até para que ela falasse à sua imagem.

Quantas pessoas passam horas e horas em frente à besta, em frente a uma televisão, ouvindo coisas que não trazem nenhuma sabedoria, que só ensinam a se prostituir com outros deuses?

Tudo o que é do mundo nós adoramos e nos prostituímos aos pés da besta. Todos os dias vamos atrás dela, atrás do dinheiro para manter os desejos que ela colocou na mente humana (Ap. 13:1).

Fazemos de tudo para obter dinheiro: roubamos, enganamos,

mentimos, nos sacrificamos trabalhando dia e noite para manter os desejos da besta.

Tudo fazemos para a besta.

Mas para nós mesmos, não fazemos nada.

A idolatria juntou-se ao capitalismo e, por último, à nova era, dando um passo para doutrinar a mente dos jovens com a tecnologia digital.

Os pais não têm mais tempo para os filhos. Só dão atenção quando sobra tempo, só dão esmola.

Os casais só têm tempo de vez em quando até para fazer amor. É naquela hora que sobrou um tempo. O marido vive de esmola da mulher, mendigando um relacionamento, e ainda quando quer ter um momento com a mulher, tem que pagar um almoço ou prometer uma viagem etc. O marido é um prostituto e ela uma prostituta se assim fazem.

Esta é a lei da besta: quem não tiver o número dela, o seu nome ou seu sinal não pode comprar nem vender.

Só pode comprar quem tem dinheiro, só pode vender quem tem dinheiro – tudo pela besta.

Como pode o dinheiro ser uma maldição, se com ele fazemos tudo aquilo que precisamos?

Nós amamos mais o dinheiro do que amamos a Deus, mas tanto, tanto, que o dinheiro virou deus.

Quem ama o mundo e as coisas que há nele é inimigo de Deus (Tg. 4:4).

Como vimos, os estudiosos e vários escritores de livros falam que tudo depende do **foco**. Onde estou focado, ali eu chegarei. Esse foco é poderoso. Se minha mente é carnal, meu foco está na morte; se é espiritual, o foco está na vida. O poder está naquilo que eu mais foco, e isso é verdade. Porém, quando eu sinto desejo pelas coisas deste mudo, buscando ganância, os espíritos que estão ao meu redor percebem o que estou buscando e fazem com que eu venha a focar em algo de que eu gosto, algo que eu vi ou escutei, e eu passo a desejar e focar naquilo. Então, esses espíritos me ajudam a chegar onde estou focando.

Como é que eu adquiro esses espíritos?

1. Por meio dos meus relacionamentos:
   a. Relacionamentos com pessoas.
   b. Relacionamento com entidades.
   c. Relacionamentos espirituais.
   d. Relacionamentos profissionais.
   e. Relacionamentos conjugais.
   f. Relacionamentos de amizades.
   g. Relacionamento com coisas.
2. Amor ao dinheiro.
3. E, principalmente, fazendo obras malignas.

Tudo depende dos relacionamentos e do ambiente em que vivo, tudo contribui para pensamentos positivos e pensamentos negativos. O Deus a quem estou ligado é esse que me sustenta e me dá segurança ou derrota.

Quem me faz focar é o espírito dominador. Após ouvir algo que me encantou, estarei focado dia e noite naquilo que me enganou, que tomou a minha mente, pois os mortos não têm como governar a si mesmos, já que estão mortos.

É por isso que as pessoas não conseguem focar naquilo que realmente querem, mas focam no que não querem, pois quem define isso é o espírito que está nelas. Os poderosos criaram tantos poderes para enganar o povo simplesmente para que o povo não cresse em Jesus, para que cressem no poder do homem. Foi assim que Satanás falou a Eva, dizendo: "se você desobedecer a Deus, você vai conhecer o seu poder", ou seja, "eu tenho o poder daquele que controla minha mente".

Por fim, o diabo estabeleceu seu reino sobre todo pecado e comanda todos aqueles que aceitaram a primeira **besta** por meio da adoração ao seu nome, ou a sua imagem e seu sinal. E assim sua descendência também continua no mesmo caminho, apenas repetindo tudo o que seus antepassados fizeram.

Como é que adoramos a besta se não sabemos nem como ela é?

Nossos antepassados eram pagãos, e esses pecados ainda estão na humanidade porque ainda hoje se praticam as mesmas obras da carne.

Paulo escreve para os que nasceram de novo: "Vós, porém, não estais na carne, mas no espírito, se é que o espírito de Deus habita em vós. Mas, se alguém não tem o espírito de Cristo, a ele não pertence" (Rm. 8:9).

Então, se realmente Cristo vive em mim, a minha mente já está morta, não tenho que querer entender a mente humana, pois não há nada nela que se aproveite e possa ser comparado com as coisas de Deus ou do Espírito Santo. É uma oposição, pois aqueles que estão segundo a carne estão mortos (Rm. 8:10). Mas o espírito daquele que ressuscitou a Cristo também nos ressuscitará.

Vejamos o texto de Romanos, 8:14: "Porque todos os que são guiados pelo espírito de Deus, esses são filhos de Deus".

Logo, aqueles que são guiados pela mente humana não são de Deus, pois a mente humana só pensa nas coisas deste mundo, e não nas coisas de Deus, e é assim que vejo o ser humano resistindo a Deus.

Por isso, Deus criou todas as coisas, como também governa todas as coisas, dá a quem Ele quer dar, tem misericórdia de quem Ele quer ter e se compadece de quem Ele quer se compadecer; assim, não depende do que quer nem do que corre, mas de Deus que se compadece. Por essa razão, endureceu o coração do faraó:

> Porque diz a Escritura a Faraó: Para isto mesmo te levantei; para em ti mostrar o meu poder, e para que o meu nome seja anunciado em toda a terra.
>
> Logo, pois, compadece-se de quem quer, e endurece a quem quer.
>
> Dir-me-ás então: Por que se queixa ele ainda? Porquanto, quem tem resistido à sua vontade?
>
> Mas, ó homem, quem és tu, que a Deus replicas? Porventura a coisa formada dirá ao que a formou: Por que me fizeste assim? (Rm. 9:17-20)

A alegria é fruto do espírito.

Por isso, os sábios falam que as nossas palavras são leis para o universo.

Quando Deus enviou Seu filho à terra, Ele teve que criar um corpo carnal para que o espírito d'Ele ali estivesse, para o povo ver e poder ouvir, mas esse corpo carnal era apenas um veículo. Ele não veio para cuidar de um corpo mortal, Ele veio para dar vida a um corpo espiritual que habita no corpo carnal, por um período de tempo. Assim Jesus andou por 33 anos no corpo carnal, falando como homem normal, como qualquer um, mas com um propósito: pregar o reino de Deus na terra, trazer, por meio da fé, a vida eterna, que estava perdida. Perdemos a vida no pecado desde Adão, então essa nova chance de ter a vida de volta foi dada a nós por meio da fé em seu filho Jesus. Esse espírito que Jesus veio salvar é o espírito do homem, chamado alma. Ele está morto pelo pecado, e só a fé em Jesus pode ressuscitar o espírito do homem que estava morto.

Porém, os religiosos pregam a defesa do homem-corpo, lutam para conseguir dar vida a um corpo que é mortal. Mas da **vida verdadeira**, que é a vida espiritual com Deus, eles não falam, pois isso ficou em segundo plano. Por isso se diz que o homem amou mais a criatura do que o criador. Depois de Jesus ter sido morto e sepultado, Ele ressuscitou para que se cumprissem as escrituras. Depois disso, o corpo, que era mortal, se transformou em corpo de luz imortal. Porém, o corpo mortal só será iluminado quando morrer e ressuscitar com Cristo. Por isso, Ele disse: "aquele que não vier a mim não é digno de mim" (Mt. 10:38).

O povo de Deus saiu do deserto, e Deus supria todas as suas necessidades, mas as pessoas não acreditaram. Comeram do maná, mas morreram, pois não creram para que tivessem vida. Por isso, foi-lhes dada a lei – para que ela os condenasse por causa do pecado.

Hoje o povo cristão está na mesma situação: tenta sair do Egito, mas o faraó faz tantas propostas tentadoras que o povo não consegue deixar o Egito, pois o faraó continua tendo poder sobre o povo, colocando jugo pesado sobre ele, porque o povo não busca entrar no reino, busca apenas as coisas deste mundo. O que o faraó quer é continuar a manipular a mente humana para poder enganar até que venha o anticristo.

Enquanto as igrejas continuarem pregando um Cristo deste mundo, que quer dar bens deste mundo, e o povo continuar acreditando, dando crédito a um deus que quer seu povo prosperando nesta terra, ninguém chegará a conhecer o reino de Deus. As religiões deste século estão pregando um reino desta terra. Jesus mandou pregar boas-novas, que teria chegado o tempo do reino de Deus na terra e que Jesus é a porta de acesso a esse reino.

Jesus disse: "Eu sou a porta, quem bater eu abro. Eu sou o pão, todo aquele que comer deste pão nunca mais terá fome. Eu sou a água viva, quem beber desta água jamais terá sede. Eu tenho a chave" (Mt. 6:63; Jo. 6:35-45 e 51; Jo. 14:6; Is. 28:16; At. 4:11; Rm. 9:32; I Co. 10:4). "Eu sou o caminho, a verdade e a vida, ninguém chega ao pai senão por mim."

Jesus veio mostrar o caminho do reino do céu e quem Ele é. Jesus veio para dizer que quem quiser mudar para seu país, lá é o reino de Deus, no qual ele prometeu um lugar para os justos.

As igrejas pregam só a prosperidade como uma bênção de Deus, e não a salvação. Jesus prometeu salvação não para este mundo, mas para o céu. Jesus veio para cumprir a promessa de Deus e chamar para entrar no seu governo chamado reino do céu. Assim, o mundo que Jesus falou é no céu e não neste mundo.

Os religiosos vão à procura de Jesus apenas para conseguir bens materiais, e não a salvação. Procuram uma igreja para se dar bem na vida e não para buscar o reino de Deus. Colocam a vida deste mundo como prioridade de sua vida, e não a busca do reino de Deus. Os religiosos de hoje procuram a igreja para simplesmente pedir a Deus e Jesus que lhes deem bens materiais e por todo tipo de interesse, e não por amor a Deus.

Muitos pastores estão pregando um evangelho que lhes foi ensinado para que pregassem, mas esse não é o evangelho de Jesus. O evangelho de Jesus não tem como prioridade os bens materiais, mas sim o reino de Deus (I Cr. 16:13, 28:8; Is. 55:6; Am. 5:4; Sf. 2:3; Jo. 6:26; Cl. 3:1).

O evangelho de Jesus tem como prioridade buscar o reino de Deus em primeiro lugar, e sua justiça (Mt. 6:33). Jesus prometeu que lá no reino d'Ele tudo o que os crentes buscam aqui neste mundo (comida e bens materiais) será um subproduto. Jesus disse que não será preciso pedir essas coisas, pois nosso Pai sabe do que nós precisamos (Mt. 6:32).

Como dizia o pastor Myles Munroe: "Toda igreja que prega prosperidade como doutrina é uma igreja pagã".

O reino de Deus é uma condição que Deus colocou para todo aquele que busca encontrá-lo (Mt. 6:24). Também falou que Jesus mandou pregar apenas duas coisas: o reino de Deus e a justiça. Jesus falou: "Quem não nascer de novo, não entra no reino do céu" (Jo. 3:3-6). O reino de Deus é uma ordem para os cristãos que querem andar com Deus, pois este é seu governo. Entrar no reino de Deus é aceitar suas leis para poder pertencer ao reino, para ser aceito pelo rei. Sendo aceito pelo rei, tudo o que é d'Ele é seu.

Por isso, todo aquele que aceita entrar no reino passa a ser cidadão do céu, sendo um servo do rei tratado pelo rei. Quem aceita o reino aceita os mandamentos do rei, que estão na sua lei, que é a Bíblia Sagrada.

Seus pensamentos e objetivos têm que ser os objetivos do rei para que você tenha tudo o que o rei tem. Lá não falta nada. Se seus objetivos não forem os objetivos do rei, você não pode entrar no reino do céu. Se seu propósito é ser grande e poderoso, não será aceito no reino, pois lá já existe um rei. Se você quer entrar no reino para adquirir riquezas para si, você não será aceito pelo rei, pois você tem que pensar na grandeza do rei. Se você quer buscar a Deus somente para se beneficiar dos bens materiais do reino, você não entrará.

Ele disse: "Buscai em primeiro lugar o reino de Deus e a sua justiça, as demais coisas serão acrescentadas" (Mt. 6:33). Buscar a Deus por interesse de bens materiais ou coisas deste mundo é como se eu quisesse negociar com Deus e colocá-lo como meu servo. Primeiro eu tenho que buscar o reino, e buscar o reino é exatamente investir no reino, trabalhar para o reino, ajudar a crescer o reino de Deus, conseguindo pessoas que aceitem entrar no reino, e começar a trabalhar para o reino sem pensar em troca de qualquer benefício deste mundo, mas sim que o reino de Deus cresça.

No reino não se discutem riquezas. No reino não se disputam riquezas. No reino não é necessário buscar poder, pois o rei é Todo-

Poderoso. No reino não existe separação ou acepção de pessoas. No reino não existem riquezas individuais, tudo é do rei.

9.3.2 Ministério da tecnologia

A nova era que estamos vivendo já é um processo bem avançado de Satanás para usar a chamada era da tecnologia digital.

Há muito tempo já se vinha trabalhando as mentes das crianças nas escolas, mas tudo primeiro começa por um processo político, econômico e financeiro. Eles criam o Estado, o Estado cria o poder e o poder cria os impostos, tudo legalizado e aprovado pelo povo, representado por seus eleitos.

Depois vem o sistema educacional: no ensino fundamental, ensina-se o evolucionismo; no médio, ensina-se o humanismo; na universidade, o marxismo.

A partir daí começa o processo de transformação espiritual, social e econômica. Tudo para estabelecer o projeto do homem novo:

- Destruir a fé.
- Destruir a família.
- Destruir a Igreja.

Dizem os poderosos do tráfico que a escola que é oferecida hoje para o povo não passa de uma tirania para colocar todos no total analfabetismo.

Sobre humanismo, iluminismo, marxismo, ateísmo etc., tudo o que o inimigo precisa é de um ser humano para controlar sua mente. Para isso, ele precisa sabotar as informações que recebemos. Por exemplo: uma criança cresce adquirindo sabedoria ou qualquer coisa que ela ouve para ocupar sua mente. É aí que o diabo trabalha para colocar as informações que ele bem quer. Os mais poderosos truques são a educação, os meios de comunicação, como jornal e televisão, e o pior para os jovens são os jogos de videogame.

Os videogames matam a mente dos jovens, aniquilam-na para a sabedoria. Eles ficam com uma mente muito rápida, porém somente para aquilo. Quando você os coloca para resolver matemática, eles não sabem. Os jogos de videogame e os filmes que trazem violentos combates não melhoram a inteligência dos jovens. Esse é o maior engano. Esse tipo de influência mental elimina a mente espiritual. É notório que até os religiosos que estão usando a tecnologia já mudaram seu jeito de adorar a Deus, de pregar, de dar sermão.

Os vídeos ensinam a atacar, mas não ensinam a se defender, e as defesas deles são do mal. Os jovens não sabem sequer se defender de uma tentação contra as drogas, pois os jogos consomem seu poder mental, gastando sua energia com jogos diabólicos.

Os vídeos não ensinam a amar, só ensinam a violência e a odiar. Eles são as escolas de preparação dos homens deste mundo: os jogos, os filmes e as novelas são uma preparação para ir para o inferno.

Assim como a raça humana está para ser eliminada, a terra também está sofrendo os maus-tratos do homem. Os poderosos tentam protegê-la, mas já é tarde.

Os jogos de videogame parecem ser úteis para ensinar as crianças a desenvolver o poder da mente. Porém, com eles as crianças aprendem coisas agressivas contra si mesmas e contra seus próximos.

Os americanos são a prova disso: eles são hoje as vítimas desses filhos que cresceram aprendendo violência e estão destruindo a si mesmos. Mas o diabo sabe qual é seu propósito com esse tipo de jogo.

Esses jogos têm cauterizado a mente de muitos jovens. Tem jovem que, em se tratando de tecnologia, é superinteligente, mas quando vai conversar com amigos, irmãos, com os próprios pais, não sabe falar. Sua mente se mexe com seus dedos, está totalmente alienada e submetida a esses jogos, que têm matado toda a sabedoria humana. Esses jovens só sabem aquilo que está naqueles aparelhos. Se tirá-los dali, não vão saber fazer nada. Até as mulheres estão perdendo a habilidade de cuidar dos filhos, da casa, do marido. Tudo o que é natural está se acabando, sendo substituído pelos eletrônicos, pela mulher eletrônica, pelo homem eletrônico e, como já mencionei, pela internet e pelo celular.

Assim, podemos observar também que, na igreja, nós temos pessoas de todos os tipos de personalidade, porém não podemos nos enganar, porque Jesus disse que haveria entre nós o joio e o trigo. O joio são os espíritos gerados no pecado e que têm a função de enganar todos os outros. Eles parecem bons e sempre estão prontos para ajudar, para dar. Eles se comunicam muito bem, sabem muitas coisas, são inteligentes e prestativos, mas são lobos que estão disfarçados ali para roubar, matar e destruir. São os filhos do diabo.

CAPÍTULO 10
FATOS SOBRE A PALAVRA VERDADEIRA

10.1 Verdades que eles não falam sobre Jesus

Eles falam que, se você aceitar Jesus, será próspero, e que, se for fiel nos dízimos e nas ofertas, ficará rico. Essa é a pregação de uma igreja pagã.

Falam que Jesus veio para nos trazer bênçãos sem medidas, mas eles não falam que, para você conseguir essas bênçãos, tem que entrar no reino. Jesus não está oferecendo as riquezas deste mundo, os poderes deste mundo. Jesus rejeitou tudo isso quando o diabo disse a ele: "Tudo isto te dou se me adorares".

Essas igrejas estão ensinando o povo a adorar os deuses deste mundo, os deuses das riquezas.

Aceitar Jesus é obedecer aos seus mandamentos.

Deus, o Todo-Poderoso, criou o homem e todas as coisas por meio de uma ferramenta chamada palavra. Essa palavra estava com ele no princípio e com ela tudo se fez e sem ela nada se fez (Jo. 1:1-6).

A **palavra verdadeira** estava no mundo, mas o mundo não a conheceu. Ele veio para aqueles que eram Seus, mas eles não o reconheceram (Jo. 1:12).

A **palavra verdadeira** estava com eles, mas eles não creram. Ainda no Antigo Testamento Deus prova seu amor por todo aquele que cresse, mas, ainda assim, eles não o aceitaram.

Depois Deus enviou a palavra em carne para que todos vissem com os próprios olhos como a palavra funciona, mas eles mataram o veículo que carregava a palavra: o corpo de Jesus.

Jesus, então, por seu grande amor, enviou o Espírito Santo para todos aqueles que cressem, isto é, enviou a palavra por meio da fé em que todo aquele que crer receberá o poder do reino de Deus.

10.2 A palavra verdadeira e o espírito, a alma e o corpo humanos

Deus, Jesus, **espírito**: três coisas testificam no céu o pai, a palavra e o espírito.

Três coisas testificam na terra o espírito, a água e o sangue (I Jo. 5:7-8).

O que o homem sabe sobre esses fenômenos?

Os religiosos acham que existem espírito, alma e corpo, mas não sabem realmente como é isso.

Onde está a alma? Onde está o espírito? Onde está o corpo?

A alma é a vida do corpo que está no sangue.

O corpo é a casa onde mora o espírito, na mente.

O espírito é o guia da alma.

Minha alma está ligada às minhas palavras, que saem da minha boca. Após liberadas, vão até meu subconsciente e testificam meu espírito. Se o que eu falei está de acordo com a doutrina do meu espírito, assim será aceito, estará consumado.

Minha alma me ouve e obedece às minhas palavras, minhas palavras saem do meu pensamento (espírito); meu pensamento é fruto do meu desejo, e meu desejo é fruto da minha alma (sangue).

O espírito é o guia da alma: se o espírito é mal, levará a alma a se perder.

Minha alma está ligada à vida. A vida é todo meu sangue (células). São elas que recebem todas as emoções e as levam até meu pensamento (espírito), e ele faz realizar. Por isso Jesus nos purificou com seu sangue, que é puro e sem pecado.

Tudo o que envolve a palavra envolve a alma. Deus nos fez com o poder da palavra, que é Jesus.

Todos os pensamentos e palavras vão até a alma, e a alma diz sim ou não para a realização destes. A confirmação é a manifestação da obediência ou desobediência.

A alma está ligada a um espírito do bem ou do mal. Quem salva a alma é o espírito de Deus.

O espírito do homem é um com a alma. Se o espírito está morto, a alma padece, porque o espírito do homem é a vida da alma. Se o homem nascer de novo, o espírito volta a viver. Se o espírito viver, salva a alma.

A maldição veio por meio da carne e do sangue e contamina a alma, mas se a alma tiver a proteção do espírito, não vai obedecer aos desejos da carne e será salva.

A alma é um ser dado por Deus invisível. Somente o espírito a pode ver, pois ela, como o espírito, é como um vento impetuoso. A alma, porém, é o corpo do espírito.

A alma está ligada ao sangue e recebe todas as palavras e pensamentos vindos de todo tipo de espírito, mas quem tem o espírito de Deus não cai nas tentações dela.

A alma sem o espírito não tem vida eterna. Ela depende do espírito para ser levada até o céu ou do espírito do mal para ser levada até o inferno.

A alma sai do corpo quando morremos (Gn. 35:18).

Todos os desejos estão no sangue: as células contêm a maldição ou a bênção, e, no novo nascimento em Cristo, a vida pecaminosa que há nas células deixa de existir.

Se a boca fala do que está no coração, as palavras são verdadeiras.

A palavra que vem só da boca para fora não vem do coração, não é verdadeira.

Se minhas palavras forem confirmadas pela minha alma, elas são verdadeiras para mim. A mente humana é um receptor de tudo o que se vê, escuta, cheira e sente, e a vida de tudo é o espírito. A mente é o órgão que o espírito usa para guiar o ser humano com seus sentimentos carnais e espirituais hereditários.

Nada é feito sem primeiro pensar. Para os evangélicos, existe espírito, mas nós não temos acesso a ele, e outros até chamam o espírito, mas não sabem discernir sobre ele e quem é ele.

Sabem que existe alma, mas não sabem quando e como recebemos a alma e se a alma é o mesmo que espírito. Porém, eu digo que só vai saber dessas coisas quem tem o espírito de Deus. Se o espírito de Deus habita em mim, ele revela a verdade; se o espírito do maligno está em mim, ele revela a mentira.

- Deus: Pai, Filho e Espírito – os três são um.
- Homem: corpo, alma e espírito do homem – os três em um. Assim como é na mente, é no corpo.

10.3 Deus e a palavra verdadeira

1. O espírito de Deus andava sobre a terra e sobre as águas quando Deus criou todas as coisas (Gn. 1:1-3).
2. Deus disse que criou o mundo em seis dias e no sétimo descansou (Gn. 2:3).
3. Deus criou todas as coisas com uma só ferramenta: a palavra verdadeira.
4. No evangelho de João, 1:1, ele diz que no princípio era o verbo e o verbo estava com Deus e o verbo era Deus. Ele estava no princípio com Deus. Todas as coisas foram feitas por intermédio d'Ele, e sem Ele nada se fez. Nele estava a vida, e a vida era a luz do homem. Ele estava no mundo, e o mundo foi feito por intermédio d'Ele, e o mundo não o conheceu.
5. Deus falou a Adão a palavra verdadeira, e que se ele a cumprisse ele não morreria (Gn. 3:3).
6. Deus falou a Abraão que, se ele seguisse Sua voz, se seguisse Sua palavra, ele seria uma grande nação, (Gn. 12:1-2).
7. Deus falou a Moisés para seguir a nuvem e que não faltaria nada para eles. Que ele levaria seu povo a uma terra que emanava leite e mel. Deus falou a palavra (Ex. 13:21).
8. Deus falou para os profetas avisarem todo o seu povo que, se eles não se arrependessem, eles morreriam. Deus falou a palavra.
9. Deus falava com os profetas por meio da palavra verdadeira, que eles não entenderam. Deus falou a palavra, e a palavra é Jesus.
10. Deus enviou Jesus, Deus enviou a palavra, esta veio em carne como homem, e Ele testificou que Ele é a palavra verdadeira, e eles não entenderam.

11. A palavra curava todo tipo de enfermidade, ressuscitava mortos e fazia tantos milagres, mas eles não entenderam quem era a palavra.
12. Jesus trouxe a chave da salvação e entregou-a a Pedro, e eles não entenderam quem era a palavra.
13. Deus ressuscitou Jesus e enviou o Espírito Santo a todos que nele cressem. Mas o povo não entendeu.

10.4 Como está o povo religioso hoje?

Após a morte e ressurreição de Jesus, o povo ficou disperso, incluindo os apóstolos. Para eles, parecia que tudo tinha acabado.

Eles retornaram cada um para seu lugar e voltaram a fazer as mesmas coisas que faziam antes de conhecer Jesus.

Jesus reapareceu aos apóstolos. Quando eles viram que era Jesus, ficaram com medo e vergonha. Pedro chegou a se jogar nas águas, mas Jesus os chamou e fez um apelo a Pedro, dizendo: "Pedro, tu me amas?". Pedro disse: "Sim, senhor". Ele tornou a perguntar: "Pedro, tu me amas?". Pedro respondeu: "Sim, tu sabes que eu te amo", e Jesus perguntou a terceira vez: "Pedro, tu me amas?". Pedro disse: "Sim, tu sabes que eu te amo". E Jesus ordenou: "Então apascenta minhas ovelhas". Só depois de os apóstolos verem Jesus após a morte e a ressurreição foi que eles realmente creram. Até então eles não tinham recebido o espírito. Jesus ordenou a eles que aguardassem aquele que é a verdade, o espírito da promessa, e em Pentecostes eles receberam o Espírito Santo. Só assim eles conseguiram levar a palavra verdadeira, porque o espírito é a verdade de Deus na terra.

Uma pessoa só passa a ter uma fé realmente de mudança quando vê Jesus, sente Jesus de verdade e tem uma experiência com Ele e o Espírito Santo. Falar de Jesus, falar o que ele fez e contar as histórias bíblicas é fácil. Agora, ver Jesus e conhecer Jesus é diferente.

Jesus aparece hoje em nossa vida diferente do que antes ele estava em corpo, alma e espírito perante os homens. Mas agora ele esta em nós por meio do seu espírito.

Ver Jesus é muito mais do que pregar sobre ele, pois só pode falar d'Ele quem O conhece, quem O viu e ouviu falar e curar etc. Ter Jesus é muito mais forte do que falar d'Ele ou contar Seus milagres. Ter Jesus é conhecer como funciona o Seu querer, saber o que Ele quer de nós e saber tudo sobre Seu reino. Conhecer Jesus é conhecer a lei do Seu governo e aceitar a Sua doutrina, prevista na Sua lei. Ter Jesus é ter o poder de Jesus, o Espírito Santo. Ter o poder de Jesus só é possível para os que conhecem Sua lei e a obedecem.

Entrar no reino de Deus só é possível pela obediência à Sua lei, aos Seus estatutos e pela crença. Ninguém pode entrar na presença do rei se não for conhecido do rei. Para entrar no reino, é preciso pertencer àquele reino. Estrangeiro não entra no país do céu sem que ele tenha que ser reconhecido como pertencente àquele país. Para entrar no reino de Deus, é preciso ser aprovado.

Assim também é aqui na terra. Para nós entrarmos em outro país é preciso passar por um teste, fazendo um passaporte que será analisado pelo consulado daquele país, para somente depois de aprovado ser liberado. Assim será no céu: não vai entrar quem não for aprovado. Por isso está escrito: só vão subir os que forem escolhidos (Mt. 20:16).

Após essa visita de Jesus, Pedro e outros apóstolos saíram para pregar, e Jesus estava com eles. Os apóstolos levavam o evangelho a todos os judeus. De começo, o povo estava aceitando a palavra de Deus e reconhecendo Jesus como Senhor e Salvador, mas o rei Herodes, que era comandante do governo enviado de Roma, não aceitava que pregassem que Jesus era rei, pois ele era o rei. Porém, crescia o número de evangélicos. Então teve início a perseguição a Jesus. Todos aqueles que pregavam e seguiam Jesus eram perseguidos.

O governo de Roma, que tinha tomado o comando do povo de Israel, perseguia e prendia quem falava do evangelho de Jesus. Paulo, que se chamava Saulo, perseguia o povo de Jesus, até que um dia ele caiu do cavalo e Jesus falou com ele. A partir daí, ele começou a pregar Jesus como Senhor e Salvador. Quando Paulo recebeu a revelação de Jesus, Ele já havia ressuscitado, e Paulo reconheceu quem era Jesus. Em três dias Paulo recebeu a revelação do evangelho, e Jesus mandou que ele pregasse para os gentios, porque até então o povo judeu não queria mais Jesus e se rebelou contra o Messias (At. 8:3).

Deus, mais uma vez, deu a chance de salvação por meio de Jesus pela fé, porém o inimigo, com seu engano, implantou algo tão forte na sociedade que até hoje domina o mundo.

Como está hoje o evangelho no mundo?

Vejamos: há dez anos, 32% da população mundial era evangélica. Agora, apenas 23% é cristã, aí incluídos os católicos, os ortodoxos e os evangélicos. Alguns países são quase 100% religiosos, mas não são cristãos. Na Tailândia, por exemplo, 94% da população é religiosa. No Brasil, podemos contar com mais de 79% de religiosos crentes, porém os evangélico são poucos.

Os países mais religiosos da América são:

1. Colômbia (82% da população é religiosa)
2. Peru (82%)
3. Panamá (81%)
4. Brasil (79%)
5. Argentina (72%)
6. Equador (68%)

Os dez mais religiosos do mundo são:

1. Tailândia (94%)
2. Armênia (93%)
3. Bangladesh (93%)
4. Geórgia (93%)
5. Marrocos (93%)
6. Fiji (92%)
7. África do Sul (91%)

8. Argélia (90%)
9. Quênia (89%)
10. Macedônia (88%)

Os dez países menos religiosos do mundo:

1. China (7%)
2. Japão (13%)
3. Suécia (19%)
4. República Tcheca (23%)
5. Holanda (26%)
6. Hong Kong (26%)
7. Reino Unido (30%)
8. Israel (30%)
9. Vietnã (34%)
10. Alemanha (34%)

Na Inglaterra, mais de 1,5 mil templos foram fechados nos últimos dez anos por falta de fiéis. Os religiosos acabaram com a fé do povo na Europa.

O país mais ateu do mundo é a Suécia. Lá, 85% da população não tem religião. Uma pesquisa da ONU mostra que países com boa taxa de alfabetização tendem a ser mais descrentes.

Os ateus correspondem a 11% da população mundial. 50% dos cientistas têm religião, 36% acreditam em Deus, 10% são ateus e 2% são cristãos.

CAPÍTULO 11
AS PALAVRAS DE DEUS, AS PALAVRAS ESPIRITUAIS E AS PALAVRAS DOS SANTOS

11.1 Amor e ódio

A Palavra de Deus diz que temos que chegar à estatura de Jesus Cristo: "Até que todos cheguem à unidade da fé e ao conhecimento do filho de Deus, a varão perfeito, à estatura completa de Jesus Cristo" (Ef. 4:13; Cl. 2:9).

1. O amor é a plenitude de Jesus Cristo.
2. Amar a Deus acima de tudo é o conhecimento da fé.
3. Amar o próximo como a si mesmo é o pleno conhecimento do amor de Jesus.
4. O amor é Deus agindo em nós.
5. O amor é provado pelas nossas obras que permanecem todo dia.
6. O amor é a prova da fé.
7. O amor ao próximo é a prova do espírito de Deus em nós.
8. Do amor vem a misericórdia, que é, acima de tudo, se colocar no lugar do próximo.

Jesus é a maior prova de amor. Ele sabia todas as coisas, mas não usou da sabedoria humana para seu ministério porque tudo o que é deste mundo não é do céu, não é espiritual, e, se não é espiritual, não tem a força de Deus.

Jesus usou o conhecimento do Pai para realizar tudo. As coisas que Ele fez não dependeram deste mundo, não dependeram do conhecimento humano. O conhecimento maior usado por Ele é o amor.

A faculdade de Jesus foi o **amor ao próximo**, e o último mestrado de Jesus foi a **cruz**.

O reconhecimento das minhas faculdades espirituais vem de Deus, não deste mundo. Meus diplomas reconhecidos no céu são minhas obras, que são espirituais.

A minha prova quem analisa é Deus, por meio dos meus testemunhos, que são os meus mestrados.

Quais foram os primeiros passos de Jesus no seu ministério?

Eu não estou falando de Jesus como filho de José. Estou falando de quando Ele alcançou a idade adulta, 30 anos. Ele deixou tudo o que aprendeu na escola dos homens para ensinar o que ele tinha do pai Deus. Tudo o que Ele sabia era do céu, e a primeira pregação de Jesus foi: "Arrependei-vos".

11.2 Palavras espirituais

A Bíblia é a palavra de Deus, que leva ao encontro com a verdade. Quando a palavra de Deus está em mim, Deus está em mim por meio da palavra viva.

Quando leio a Bíblia, encontro o caminho, porque na verdade a letra é apenas uma sombra da verdade espiritual. Ela ainda é algo não revelado, existe apenas no natural. Quando ela vem por meio da fé na obediência a Deus, em que em mim não há dúvida sobre Deus, sobretudo na pessoa do Seu filho Jesus ressuscitado, então é revelado o segredo da palavra verdadeira, é revelada essa verdade que está em Jesus. Quando Deus criou o homem, Ele o fez do pó da terra, e, após feito o homem, Ele soprou o espírito que dá a vida eterna. Portanto, toda alma é mortal, mas o espírito vivifica. O espírito não morre, é vida, e a alma é salva pelo espírito da vida.

A palavra de Deus, como já falei, é viva. A palavra do homem é diferente. Porém, quando eu tenho fé e falo com fé, a minha palavra se torna vida, e aquilo que está sem vida passa a ter vida.

A letra não é Jesus, mas a palavra viva é espiritual, é Jesus. O engano do mundo que agora está sendo pregado é exatamente para que você cumpra com a letra: se você estiver sabendo do que está escrito, você está salvo.

Essa é mais uma mentira do diabo para enganar os crentes. Não é nada diferente do Antigo Testamento: se eu cumprisse a lei, eu estaria livre. Agora estão falando da letra: você tem que conhecer a Bíblia, a letra. Eles não falam que você tem que conhecer a Deus, a Jesus, porque conhecer a Jesus é conhecer a palavra de vida, a palavra espiritual, a palavra revelada, divina, que é revelada apenas para os seus.

A palavra verdadeira é a certeza de tudo, é a definição da fé em Deus.

A palavra de fé é a palavra de Deus que tem poder.

A palavra sem fé é do homem, não tem poder. É contar história.

A palavra estava no início de tudo, tudo foi feito por intermédio dela. Nada sem ela se fez, e essa palavra é Jesus (Jo. 1:1).

11.3 A palavra da boca dos santos tem o caminho do céu

As pessoas que estão em trevas, que estão com a mente cauterizada, precisam de luz. A Bíblia fala que todos os que estão em pecado estão cegos e surdos. Portanto, se você ainda é cego e surdo, dificilmente vai entender tudo o que estou falando. Este livro pode ser a saída para que busque a luz, para que seus olhos possam ser abertos para ver as maravilhas que Deus tem preparado para aqueles que O amam.

Por isso Deus nos escolhe para ser luz do mundo: para que o mundo possa, por meio de nós, ver a luz verdadeira, possa ver Jesus, possa ver Deus pela fé.

Como posso ajudar essas pessoas que estão nas trevas a saírem das trevas? Eu tenho que entrar na vida delas para poder tomar a direção da sua vida e abrir os olhos delas mostrando a luz que é Jesus. Para isso, essas pessoas têm que aceitar, acreditar e crer que eu realmente sou uma pessoa enviada por Deus para libertar os cegos deste mundo.

Para eu entrar nessas pessoas, isto é, na sua alma, nos seus problemas, eu tenho que usar a chave que dá entrada à sua alma, que é o amor.

Eu tenho que me colocar no lugar delas para que eu pegue os seus problemas e, por meio da minha fé, então eu possa, na força do Espírito Santo, ter misericórdia delas, a ponto de elas serem perdoadas por minha força de amor e fé. Isso é difícil de entender ou até mesmo de explicar, mas é assim. E quando isso acontece, então elas passam a ter a luz da verdade, e tem início a sua libertação.

Assim, quem vai pregar para uma pessoa que quer ser liberta tem que dar um bom testemunho, para que essa pessoa possa confiar e ter fé, porque sem fé é impossível alcançar a misericórdia de Deus.

Porque o pecado está no sangue. Como já vimos, podemos afirmar isso porque a genética passa de pai para filho. Desses pecados, então, somente o sangue pode me libertar: o sangue de Jesus, porque o meu sangue não pode, uma vez que está no pecado. Todos pecaram, somente o sangue de um justo é que pode perdoar o pecado, e Jesus foi o único justo que foi crucificado para o perdão dos nossos pecados.

CAPÍTULO 12
PALAVRA VERDADEIRA

Neste capítulo, compilo palavras de sabedoria sobre assuntos diversos. São palavras que devem ser ditas e palavras que não devem ser ditas; palavras que vão trazer vida e palavras que vão trazer morte; palavras que vão trazer riqueza e palavras que vão trazer pobreza; palavras que vão trazer saúde e palavras que vão trazer doença. Ensina-se, assim, a usar a palavra verdadeira.

1. O homem tem a característica de não ver os seus defeitos. Ele vê os defeitos dos outros e tenta controlar a mente dos outros, mas se esquece da sua.
2. Quem não acredita e não tem fé em Deus tem que depender exclusivamente das suas forças, e essas forças ele busca no mundo do universo.
3. O diabo prende as pessoas com pequenos subornos, e, por causa disso, elas ficam alienadas.
4. Tudo o que está na minha mente, se eu não tiver o controle, o diabo usa, e ele tem acesso a tudo o que pertence a ele, o mal.
5. O diabo pode se alojar na mente de uma criança até ela crescer e, depois, quando ela cometer o primeiro pecado, ele se manifestará e ela fica alienada, controlada por ele.
6. Mostre-me aquilo que uma pessoa mais ama e eu terei a chave para aliená-la até ela ficar hipnotizada. É mais ou menos isso o que o diabo faz.
7. Os alunos vão à escola para aprender o que eles querem, e não aquilo que eu quero que eles aprendam ou aquilo que eles deveriam aprender.
8. As escolas e as religiões foram as responsáveis pela civilização humana.

9. A única coisa que as escolas fazem é encher a cabeça dos alunos de histórias e fatos, e não ensinam nada.
10. Deus cuida de todo o Universo, mas o homem acha que pode destruir aquilo que Deus criou.
11. O homem acredita que há um Deus, mas ele nunca se entrega a seu Deus e quer ter o controle de tudo. Por isso não tem os benefícios que só podem ser dados por Deus.
12. O homem tenta controlar o mundo, mas não percebe que o está destruindo.
13. Há um poder que pode ser observado no universo que Deus criou, mas esse poder é confundido com um Deus.
14. O homem tenta entender o funcionamento de tudo o que Deus criou, mas não entende que apenas tem que obedecer às regras criada por Deus.
15. Os espíritos que caíram do céu estão sobre a terra enganando a muitos que procuram encontrar uma forma de explicar a existência de Deus, mas não conseguem porque não passam de loucos, sábios sem destino.
16. O homem natural tenta explicar o sobrenatural, mas não tem nenhum conhecimento espiritual para saber definir como funciona o reino de Deus.
17. Todo pensamento tem uma energia liberada que é invisível para o mundo natural, porém essa energia destrói o planeta. Essa energia não é energia elétrica, mas energia espiritual.
18. A energia espiritual liberada pelos pensamentos das pessoas pode trazer vida ou morte para os humanos.
19. Toda energia negativa liberada pelos homens se alastra pela terra, pelo universo, e os espíritos que ali estão vagando se apoderam dela para voltar aos homens, para levar essa energia negativa de volta às pessoas.
20. A energia liberada por uma mente é como uma doença alcançando todo aquele que não está protegido pelo Espírito Santo.
21. Tudo aquilo que uma mente em crise devido a muitos males

está sentindo é liberado no espaço, contaminando o mundo e as pessoas que estão por perto.

22. O diabo se alimenta dessa energia, que é usada por muitas seitas e religiões nas suas buscas de deuses do universo.
23. Os pensamentos maus de uma pessoa podem atingir milhões de pessoas, basta o diabo se apoderar deles, que ele se compromete a levar essa energia a toda pessoa que está com a mente vazia, sem saber o que quer.
24. A energia negativa, que é a espada do diabo, vai atingir as pessoas que não têm uma mente definida em Deus e que não amam seu próximo como a si mesmas.
25. O amor é a única arma que impede a mente de receber as energias negativas, que são setas dos demônios jogadas na mente dos humanos.
26. Os pensamentos e as palavras liberados pelos homens são as ferramentas dos espíritos.
27. As palavras verdadeiras são a espada do Espírito Santo.
28. As palavras mentirosas são as espadas dos demônios.
29. Os pensamentos negativos são sementes de Satanás, liberadas e trazidas de outras pessoas que estão possuídas por pensamentos negativos.
30. O Deus que eu sirvo é o meu Deus verdadeiro para mim, porém posso estar servindo um deus que não é verdadeiro, por engano.
31. Não são só as ações que definem um relacionamento, mas também os pensamentos.
32. Um casamento é bem-sucedido graças à maneira de os cônjuges se relacionarem um com o outro.
33. Qualquer relacionamento vai depender dos pensamentos e palavras de quem está nele, porque vai depender da energia que essas pessoas vão liberar.
34. Por isso, todo irmão deve se tornar um guardião do seu irmão.
35. Entre o bem e o mal, vence aquele que eu alimento.
36. Se o diabo existe, quem o alimenta de dia e de noite?

37. Todo homem e mulher devem pensar: por que eu penso uma coisa e faço outra?
38. Porque tenho dois sentidos: às vezes não sei o que fazer, penso em ir para lá, mas há algo que diz: "Venha cá".
39. Todo ser humano é possuidor de corpo, alma e espírito.
40. Porém, o corpo, sabemos quem ele é, mas a alma e o espírito nós não vemos como são, de onde vieram e onde estão.
41. O corpo foi feito da terra.
42. A alma é dada por Deus, que é a vida do corpo.
43. E o espírito, vem de onde?
44. Jesus disse: "Todo homem que não nascer de novo não pode entrar no céu".
45. O Espírito Santo é de Deus, que é dado quando a pessoa nasce de novo.
46. Quem não sabe dizer "sim" e "não" não tem a mente programada, não tem projeto, não sabe para onde vai, não sabe o que quer.
47. E antes de nascer de novo, qual espírito estava no homem?
48. Todo ser humano que não tem o espírito de Deus não é de Deus, disse o apóstolo Paulo (Rm. 8:9).
49. E se o ser humano não tem o espírito de Deus, ele está possuído de qual espírito?
50. O ser humano pode estar sem o espírito? (Mt. 12:43).
51. A Bíblia diz que quando um espírito imundo sai do homem, ele sai procurando lugares, mas, não achando, dias depois ele volta para casa e, voltando, achando a casa vazia, ornamentada, ele entra e leva com ele mais sete espíritos piores do que ele.
52. Então, todo ser humano que não tem o Espírito Santo pode estar possuído do espírito do mundo.
53. É por isso que algumas pessoas falam que dentro de nós há um outro "eu", e esse outro "eu" é um espírito que pode não ser de Deus.
54. Como sei se meu espírito é de Deus?
55. Quando não sei dizer "não" para aquilo que eu não quero, isso passa a ser um empecilho para meu caminho.

56. Quando não sei o que eu quero, o inimigo diz o que devo querer.
57. Se não tenho a verdade em mim, então tudo está fora de ordem no contexto espiritual, porque o espírito da verdade é que me revela toda a verdade.
58. Sem o espírito da verdade eu estou refém do espírito do mundo, ando alienado como os sábios deste mundo, que dominam pela sabedoria humana, e me torno escravo deles porque eles não revelam o segredo.
59. A palavra "sim", com a concordância de duas pessoas ou mais, se torna fato realizado, porque houve acordo.
60. Antes de Jesus, quem era o Salvador?
61. Por mais que a mentira fale contra Jesus, ela sempre será uma mentira.
62. O "sim" está dentro de você, dizendo: "Olhe para a frente".
63. O "não" está sempre ao seu derredor, dizendo: "Olhe para trás".
64. A alegria é o que alimenta todo meu sistema nervoso e refrigera a minha alma e me livra de todo o mal.
65. O ser humano nunca vai encontrar poder em outro ser humano porque a solução está dentro de si mesmo.
66. O homem pode falar de um "poder", mas este nunca será o poder.
67. O poder está na semente, e essa semente só pode ser semeada em outro ser, e não em si próprio.
68. Antes do dinheiro, vem o poder.
69. Há muitos anos o homem busca poder na religião criada pelo homem, para buscar poder em um ser desconhecido.
70. Todo homem sabe que há um poder além do seu, mas continua a busca em outros homens.
71. Jesus disse: "Buscai primeiro o reino de Deus e a sua justiça, e as demais coisas serão acrescentadas".
72. As religiões até hoje não sabem o que é o reino de Deus.
73. Jesus disse: "Quem não nascer de novo não pode entrar no reino de Deus".
74. Jesus veio trazer o reino para a terra. Esse reino é invisível para

os que não nasceram de novo.
75. O anticristo fez exatamente o que Deus falou: elegeu um governo mundial que ninguém conhece.
76. Hoje é o único dia do seu futuro. Tudo o que você plantar no dia de hoje, colherá amanhã.
77. Só existe uma vida e só há um tempo chamado hoje.
78. O dono de bar que não quer vender fiado coloca uma frase dizendo: "Fiado, só amanhã", porque o amanhã não existe.
79. A ansiedade e o não viver o presente são a causa de todo pensamento negativo.
80. Todo ensinamento aponta para o estado de paz, para que haja plena liberdade.
81. Todo homem que ama o dinheiro não tem liberdade, pois o dinheiro o domina.
82. A salvação eu conquisto no dia de hoje e não no futuro.
83. Jesus vem buscar os que decidiram entrar no reino, os que estão de fora ficarão.
84. O amanhã, eu posso falar dele.
85. O hoje, eu posso desfrutar dele.
86. O homem não tem mais nada a não ser o dia de hoje.
87. Deus prometeu um dia de descanso chamado hoje (Hb. 4:7).
88. A minha decisão hoje abre portas para o futuro.
89. Não existe "vou obedecer ao amanhã".
90. Se alguém pede comida hoje, como posso dizer "venha amanhã"?
91. Todo homem será cheio do poder se andar na verdade de Deus.
92. A luz que clareia todo homem chama-se verdade.
93. Todo homem verdadeiro está na luz.
94. Toda pessoa que anda apressada sempre está atrasada.
95. Toda pessoa que tem a paz sempre tem tempo para tudo.
96. Um dia para um estressado parece uma hora, pois ele não consegue fazer nada.
97. Um dia para o homem de paz parece um ano, pois ele consegue fazer tudo o que deseja.

98. Existe mensagem para cego ver, mas o surdo não ouve.
99. O homem só encontrará a paz quando se livrar do passado e do futuro.
100. Os religiosos falam dos problemas.
101. Os que estão em Cristo falam da vitória do seu rei Jesus.
102. Quando Deus criou o homem, faltava chuva para molhar a terra, para que as plantas crescessem, porque a semente Ele já havia semeado.
103. A semente é a palavra, e a palavra é Jesus (Jo 1:1).
104. Se Jesus é a palavra, que palavra sai da sua boca?
105. A Bíblia fala que da nossa boca podem sair cobras e escorpiões, saem venenos para a morte, mas também podem sair palavras de vida.
106. Existem dois caminhos que eu posso seguir: um, eu vejo com os olhos humanos, e outro, com os olhos espirituais, porém, só um me leva à verdade.
107. Sabe por que a sua vida está tão difícil de viver em meio a tanta coisa? Por que você busca tudo isso? (Fl. 2:21, Cl. 3:1)
108. Eu só vou ter tempo para mim quando eu me esvaziar dos outros, das coisas, das mentiras, das raivas, do medo, da inveja, da ganância, do meu ego.
109. Tudo está ligado a uma resposta, e essa resposta vem de mim mesmo.
110. Jesus veio trazer o reino para este mundo, mas o reino não é daqui. Ele é o rei dos exércitos.
111. Jesus veio para falar da verdade que existe no Seu reino, e para conhecê-lo é só andar na verdade.
112. Ninguém entra no reino senão por Jesus.
113. O reino de Deus é representado pelo Espírito Santo. Aquele que recebe o espírito está no reino, no Paraíso.
114. O reino de Deus é poder, e este poder não é para controlar a vida das pessoas, mas a própria vida.
115. Jesus não mandou criar ministérios, mas veio trazer o Seu ministério, que é o da palavra.

116. Todas as religiões deste mundo foram criadas pelo diabo para dominar as pessoas e enganá-las para impedir sua entrada no reino.
117. Os religiosos mataram Jesus.
118. Os religiosos prestam serviços no reino só da boca para fora, e então lhe dão as costas e discutem, questionam.
119. A chave que Deus deu a Pedro é a confissão de Pedro, que está firme na fé, para que tudo que ele ligar e desligar na terra seja aceito por Deus.
120. Sabe por que o homem anda inquieto? Já viu uma criança ficar quieta sem fazer nada, sentadinha ali em uma cadeira? Não? Sabe por quê? Porque ela não tem nada na cabeça.
121. É o homem que vive pensando no passado e no futuro.
122. Todos os homens que vivem do passado não têm nada de novo na cabeça, tudo o que eles têm é um passado cheio de mentiras, porque o passado não existe, assim como o futuro é igual ao passado.
123. O homem sobrenatural não pensa. Quando ele esta só, se esvazia do passado e consegue pensar algo novo.
124. O homem natural não tem nada na mente a não ser um passado cheio de dúvidas. Esse passado pode estar comprometido até por seus antepassados, trazendo a ele muita confusão, e por isso ele não consegue fazer algo novo.
125. O homem natural pensa e age com a própria sabedoria, adquirida por estudar a ciência e as histórias contadas por outro homem.
126. O homem sobrenatural não busca os próprios pensamentos, mas busca algo que não é de homens, mas do alto, de onde vem a verdadeira sabedoria.
127. Não adianta dar óculos ao cego, é melhor tentar curá-lo.
128. Todo filho do ser humano nasce cego. Somente a luz divina pode fazê-lo ver a verdade.
129. Todo viciado vende até a própria mãe para conseguir um punhado de droga, mas o adúltero vende a si mesmo por dinheiro.
130. O homem sobrenatural é invisível, é apenas conhecido quando ele fala, aí sabemos de qual país ele veio. Assim é o homem espiritual.

131. O homem e a mulher naturais, até por suas vestes sabemos quem ele/ela é. Quando falam, sabemos de onde vieram, para quem trabalham e qual é seu deus.
132. A chave que Jesus deu a Pedro foi o poder do Espírito Santo e não uma religião, como alegam alguns religiosos.
133. A chave, que é o Espírito Santo, só a recebemos pela fé, e quem tem o espírito tem a palavra verdadeira, que é a palavra **fé**.
134. Eliseu acordou de manhã e seu servo disse: "Meu senhor, que faremos? Estamos rodeados de inimigos". Eliseu disse: "Não temas, porque mais são os que estão conosco, do que os que estão com eles". Orou, e pediu ao Senhor para abrir os olhos do seu servo para ver o que ele estava vendo, e Deus abriu os olhos dele e ele viu que a mente estava cheia de cavalos e carros de guerra em redor de Eliseu. Eliseu orou ao senhor e pediu a Deus que ferisse os inimigos de cegueira, e Deus feriu os inimigos de cegueira conforme as palavras de Eliseu (II Rs. 6:15-18).
135. A chave que Eliseu usou para cegar os inimigos foi sua palavra de fé, após ter pedido a Deus que cegasse os inimigos.
136. Os religiosos leem a Bíblia como uma história e repetem o que está escrito, não tendo revelação da mensagem de Deus (Mt. 5:21-44). Bem-aventurados os **humildes** de espírito porque deles é o reino dos céus. A palavra verdadeira revelada pelo texto é "humilde". Logo a palavra da pregação é humildade.
137. Exemplo: "Bem-aventurados os mansos, porque eles herdarão a terra". Qual é a palavra revelada? Manso (Mt. 5:5).
138. Quando Adão e Eva foram expulsos do Paraíso, eles foram para um lugar chamado terra e lá tiveram filhos, e seus filhos também tiveram filhos. Mas com quem, se só havia eles?
139. Após Caim matar Abel, ele foi para outro lugar, e lá conheceu sua mulher e teve filho. Aí está a resposta com quem ele teve filho.
140. A cura sempre vem do próprio veneno; é da causa que gerou o pecado que deve sair também o perdão.
141. Todo poder dado por mãos humanas é passageiro.

142. Todo poder dado por Deus é eterno.
143. Todo religioso tenta seguir a lei do Antigo Testamento e nega a fé, negando o amor ao próximo.
144. Todo homem que segue os próprios entendimentos cria a própria doutrina e costumes, e os aplica como se fossem a palavra de Deus.
145. Todo homem incrédulo é rebelde, tenta seguir a lei e por seus méritos ser salvo.
146. O homem de Deus reconhece que é fraco, que não consegue seguir a lei. Depende de Deus e tem fé que só Jesus pode salvá-lo.
147. Jesus obedeceu aos mandamentos e à lei e ressuscitou e foi salvo.
148. Todos os mandamentos, estatutos e a lei não estão revogados, porém ninguém jamais conseguiu cumprir todos, somente Jesus.
149. Deus deu dez mandamentos para seguirmos, mas o homem não os seguiu. Amaram mais as trevas que a luz.
150. Hoje não são só dez mandamentos, mas 70 vezes 7.
151. Os mandamentos de Jesus são dois: amar a Deus sobre todas as coisas e o teu próximo como a ti mesmo.
152. No Antigo Testamento havia só dez mandamentos para obedecer, mas agora os mandamentos impostos pelo mundo são tudo aquilo que colocamos em lugar de Deus e tudo aquilo que fazemos contra nosso próximo.
153. Todo homem que ama qualquer coisa mais do que a Deus quebrou o primeiro mandamento.
154. Todo homem e mulher que fizerem qualquer mal a seu próximo quebraram o segundo mandamento e também os dez.
155. Se no que eu falo eu acredito, então já aconteceu.
156. Nossas palavras são ferramentas nas mãos dos anjos de Deus ou nas mãos do diabo, depende da palavra que foi liberada.
157. Jesus é a justificação dos arrependidos de coração.
158. Na antiga aliança, Deus habitava no templo dos Judeus.
159. Na nova aliança, Deus habita no homem, por meio do Espírito Santo.
160. Jesus disse: "A casa do meu pai será chamada casa de oração".

161. O apóstolo Paulo disse: "A melhor religião é esta: visitar as viúvas, visitar os presos e os órfãos" (Tg. 1:27).
162. Todo homem que concentra seus pensamentos no dinheiro e investe toda sua vida no trabalho no final recebe como salário a morte.
163. Jesus disse: "O reino de Deus é como se um homem encontrasse uma pérola e vendesse tudo o que tem para ficar com ela" (Mt. 13:45-46).
164. As escolas e faculdades ensinam a viver aqui na terra, mas não vi nenhuma permanecer para sempre.
165. Deus criou o dia e a noite para o homem viver neles, mas os babilônios criaram a separação, dividindo o dia e a noite.
166. Deus criou o dia e a noite para sempre iguais, mas os babilônios dividiram o dia em 24 horas para dominar o povo.
167. Os deuses da Babilônia estão presentes até hoje nas igrejas, no governo. Nada mudou, apenas o nome.
168. A antiga Babilônia foi destruída, mas resta a nova Babilônia, e ela está construída sobre as areias do mar.
169. O querer não é poder.
170. O poder é querer.
171. O incrédulo pede a Deus poder para dominar as coisas que ele deseja.
172. O crente verdadeiro coopera no reino de Deus.
173. O incrédulo vive a vida inteira falando em ir para o céu.
174. O crente verdadeiro já se sente no céu.
175. O verdadeiro discípulo de Jesus está dentro do reino de Deus e é um com Ele.
176. Os religiosos estão do lado de fora, presos a uma religião e querendo entrar no reino.
177. O diabo está nas trevas e nele não há luz. Para ele ver a luz deste mundo precisa dos olhos humanos, de um corpo humano.
178. É por isso que os espíritos reencarnam nas pessoas: para desfrutar do mundo da luz.

179. É por isso que o diabo fala tanto da luz, porque ele era luz e agora é trevas.
180. A luz é chamada de energia pelos religiosos e mentirosos possuídos pelos espíritos das trevas.
181. Os principados e potestades estão em todos os países, controlando seus discípulos dominadores dos povos.
182. São os principados que tomam decisões de como comandar o mundo, levando o povo a adorar a besta.
183. O espírito é um corpo espiritual sobrenatural inexplicável que está junto da alma. A alma que está no sangue é a matéria natural da alma, e o espírito é a matéria sobrenatural da alma.
184. Se o seu presente não é o que você quer, ele impedirá o que você deseja para o futuro.
185. Se o seu presente é indesejável, ele é fator impedidor de você alcançar o que deseja.
186. A alegria do presente é a confirmação da alegria no futuro, e o seu futuro, a semente do hoje, é o meu futuro.
187. O que mais você detesta, o que você mais odeia, é o que vai impedi-lo de conquistar.
188. Se nos meus pensamentos não há um pensamento negativo indesejável, não alcançarei o indesejável.
189. Só alcanço o indesejável quando eu vivo no indesejável, dando ênfase a ele, toda hora falo dele, e o que eu falo eu vivo, e o que semeio eu colho.
190. Jesus nos mostra o tipo de desejo e esperança que devemos ter: de dia e de noite ele disse "Estai atento, vigiai, porque não sabes se hoje ou amanhã é o grande dia" (Mt. 25:13). Hoje é o dia para você estar em paz para vê-lo chegar. Não se preocupe com outras coisas, busque primeiro o reino de Deus.
191. Nossa esperança está alicerçada no hoje. Se hoje você se arrepender e não endurecer seu coração, eu abrirei seus olhos e você verá a glória de Deus. Se hoje eu não estiver preparado, não verei o rei.

192. Do contrário, ele virá e você não o verá; olhará, mas não entenderá.
193. Ouvirá o som da trombeta, mas não escutará.
194. Você só consegue ver a Deus quando sai do natural, isto é, quando você se esvazia de si mesmo. Estando com a mente vazia, é nessa hora que você pode sentir a presença verdadeira. Você se sente presente verdadeiramente em fé porque já não é você. É o Espírito Santo que ali está, e você sente algo tão especial e verdadeiro vivendo aquele momento.
195. São tantos os sinais da besta sobre a terra que tem até igreja cristã cuja fachada é um sinal da besta, mas o povo não vê.
196. O povo vive correndo atrás de homem para ouvir uma suposta palavra de Deus. Não sabe que ele é a própria carta de Deus.
197. Para aqueles que ainda não se converteram: quando penso no passado, as primeiras imagens que aparecem são os problemas, e cada vez que penso neles, que entro neles, mais eles aumentam no hoje.
198. Quando estou vivenciando meu passado, estou vivendo meu presente e meu futuro.
199. Os sonhos nos quais eu penso, eu que tenho sonhos, só vão continuar sendo sonhos até eu começar a viver com eles no presente, como se já tivessem acontecido.
200. Se meus sonhos forem para outras pessoas, para que elas sejam bem-sucedidas, estes são sonhos que dependem de Deus, não estão em minhas mãos, mas na minha palavra de oração.
201. Sonhar em ver outra pessoa feliz é o melhor sonho para eu ser feliz.
202. O povo corre atrás de uma palavra de fé, salvadora, mas a salvação está na sua boca.
203. Os pecadores não reconheceram a besta nem os sinais dela. Mesmo vendo, não enxergam.
204. Os religiosos é que só divulgam a besta como sendo os falsos profetas e os falsos pastores.
205. Algumas pessoas nascem cegas para que os outros tenham fé e orem por elas, para que elas sejam curadas.

206. Toda cor é uma palavra, toda imagem é um livro desejando o entendimento de quem lê.
207. Todo sinal é uma palavra e tem um significado.
208. A terra é ameaçada pelos 33 milhões de deuses que têm seus seguidores fiéis, que são alimentados por meio dos sinais e da imagem da besta.
209. Os deuses controlam os 33 ministérios de Satanás, que usam a numerologia para enganar os povos, números tirados da Bíblia.
210. Os principados preparam os dominadores religiosos, pregam a mentira como se fosse verdade.
211. Os principados provocam todo tipo de ruína sobre a terra: guerras, fome, violência, rivalidade, crença etc.
212. O dragão deu poder para a besta agir em todo o território a fim de enganar o povo na vida espiritual.
213. São os principados e dominadores que criam partidos políticos para nos enganar, fazendo de conta que no meio político existe oposição.
214. São os principados e dominadores que criam tantas religiões para dividir a fé do povo de Deus, que busca uma fé verdadeira.
215. O problema do mundo não é a política, diz Myles Munroe, mas as religiões.
216. Tudo está preparado para o povo crer em um homem que vai resolver o problema do povo.
217. Toda cor é uma palavra, toda imagem é um livro, depende do entendimento de quem vê.
218. A torre de Babel, da Babilônia antiga, que quer dizer "portal de Deus", tinha aparência de pirâmide e tinha no topo um templo dedicado a ídolos. Era considerada uma das Sete Maravilhas do Mundo. Entre as outras seis estavam as pirâmide do Egito e também o farol de Alexandria.
219. Os 33 milhões de deuses da Índia influenciaram os deuses pagãos do mundo todo.
220. No Antigo Testamento não havia batismo. A salvação dependeria

de obedecer aos mandamentos e à lei de Moisés: esse é o ministério da letra.
221. O novo pacto é o ministério do espírito (Hb. 8:9 e II Cl. 3:6).
222. Se você só pensa no passado, assim será seu futuro.
223. O seu hoje é o começo do seu futuro.
224. Se você pensa no futuro sem vivê-lo no presente, seu futuro será igual ao hoje.
225. Pensar é construir algo que tem data para seu começo, o hoje.
226. A definição do meu hoje é meu futuro, igual a hoje.
227. O meu hoje eu sinto, modifico, planejo, decido, amo, compro, vendo, pago, vejo, e meu amanhã será como eu vivo hoje, na certeza de que já deu certo.
228. O amanhã não decide por mim. O que faço hoje são sementes para o amanhã.
229. Todo pecador tem um caminho definido até sua reconciliação. O homem tem um caminho de luta, trabalho, esperança. A mulher tem um caminho de dor, dor de parto, dor de cabeça, dor da fadiga, dor da obrigação.
230. Família é um projeto de Deus.
231. Todo homem e mulher que não obedecem à ordem de Deus, para sua família, no final, são reprovados. Não há derrota maior para um pai e uma mãe que olhar para seu filho e ouvi-lo dizer que não gosta dos pais.
232. Os filhos são fruto do meu amor ou do meu pecado.
233. Os filhos são prova de quem eu sou.
234. Os filhos são espelho do meu passado.
235. Os frutos que meus filhos produzem são reflexo de quem eu sou.
236. O novo nascimento muda a minha genética.
237. Quando eu nasço de novo, não pertenço mais à genealogia dos meus pais, mas à de Deus.
238. Os sábios em Deus em tudo dão glória a Ele.
239. Os tolos dão glória a Deus quando levam vantagem.
240. Os sábios adquirem conhecimento e o utilizam como ferramenta

para sua vida, mas este pode ser esquecido em qualquer lugar. O amor, porém, é para sempre.

241. A melhor ferramenta para a vida do homem e da mulher de sucesso é ser verdadeiro, que é alimento para toda a vida.
242. O amor não é técnico, ele é espiritual.
243. O amor dos homens tem limite, mas o amor de Deus é ilimitado.
244. O amor dos que amam a sabedoria dos homens acontece por interesse, mas o amor verdadeiro é puro e verdadeiro e vem do Altíssimo.
245. Os religiosos aprendem o amor falso para poder dominar o povo. É um amor interesseiro.
246. Quando estou ligado nos problemas, tenho acesso aos problemas meus e dos outros que estão ao meu redor.
247. Jesus disse: "Tudo o que ligares na terra será ligado no céu, e tudo que for desligado na terra será desligado no céu" (Mt. 18:18).
248. Tudo o que quero está no meu coração, mas o que eu tenho é o que sai da minha boca.
249. Para viver no mundo você tem a carne, mas para viver no céu você tem o espírito.
250. O que eu quero está no meu coração, mas o que eu não quero está na minha língua.
251. Toda pessoa que não é humilde tem a mente nas alturas, mas na sua vida vive nos lugares mais baixos.
252. Toda pessoa humilde parece que vive nos lugares mais baixos, mas no seu coração ela se sente nos lugares mais altos.
253. Tudo o que deixo de fazer hoje acumulo para o amanhã; assim, no futuro acumularei muitos problemas.
254. Por isso os alienados e viciados dizem: "Amanhã eu faço".
255. O hoje não é o dia, nem o mês, nem o ano, mas este exato momento.
256. O sábado é o dia em que me arrependi e resolvi obedecer para entrar no descanso do Senhor (Hb. 4-7).
257. Os religiosos fazem de conta que Deus ainda vai recebê-los após terem experimentado o poder de Deus, terem ouvido a palavra

da fé e serem batizados, e todo dia vão buscar a mesma coisa na qual não creram.
258. Os religiosos que rejeitaram a palavra da obediência vivem correndo atrás da religião, arrependidos, tentando voltar a receber aquilo que perderam, a unção, por não seguirem a verdade.
259. O motivo de haver tantas religiões são os que não nasceram de novo. Os homens naturais não entendem o sobrenatural.
260. Não há nada pessoal na palavra, toda ela é espiritual, toda ela espirada por Deus. Para entender, tem que ser espiritual.
261. Para ter o Espírito Santo, é preciso nascer de novo.
262. A salvação é o conhecimento da verdade.
263. O papel da Igreja é levar as pessoas a conhecerem o Deus verdadeiro.
264. Conhecendo Deus, obteremos tudo de que necessitamos.
265. A Igreja de hoje procura coisas, e não a Deus, por isso caiu na ira de Deus.
266. As igrejas não podem ser apenas um paliativo das suas necessidades pessoais; devem cuidar das espirituais.
267. Deus está no mundo por meio da palavra verdadeira, e essa palavra é Jesus.
268. O poder de Satanás está na adoração a ele.
269. Como podemos adorar Satanás? Amando o mundo por meio dos sinais dele e adorando as coisas que ele oferece.
270. É por isso que Satanás queria que Jesus o adorasse, para ter poder sobre os reinos desse mundo governado por ele.
271. Quando adoramos Satanás, fazemos parte do reino dele, o reino das trevas.
272. O reino de Deus é regido pela lei de Deus.
273. O reino de Satanás é regido pelas leis dos homens.
274. Jesus disse: "Meu reino não é daqui" (Jo. 18:36).
275. Os espíritos enganadores estão em toda parte, pregando doutrinas de demônios (I Tm. 4:1).
276. Os espíritos enganadores dos ministérios de Satanás pregam o

evangelho da prosperidade: "Tudo te dou se me adorar" (Lc. 4:7).
277. Os ministérios de Satanás são ligados e baseados nos seus reinos deste mundo.
278. A Bíblia fala de dois ministérios: o de Moisés e o de Jesus.
279. O ministério da letra é o ministério de Moisés, que é a lei do Antigo Testamento.
280. O ministério de Jesus é o ministério espiritual.
281. "A palavra verdadeira é comida espiritual" (I Co. 10:4).
282. Só posso dar o que eu tenho, o que tenho te dou. Levanta-te e anda.
283. A verdade liberta, mas a mentira é como câncer: quando aparece não tem mais cura.
284. Todo poder de Deus está na obediência à sua palavra, lei, estatutos e mandamentos. Jesus os obedeceu.
285. Todo homem que não obedece à palavra de Deus é rebelde e matador de Jesus.
286. Os homens escolheram para si muitos deuses, e penduraram nas casas, nas praças, nas sinagogas deuses de madeira, de prata de metal etc. Mas nenhum derramou sangue.
287. Deus enviou um Deus verdadeiro salvador que foi pendurado e derramou sangue para provar que era vivo e que era Deus verdadeiro.
288. Tudo o que eu penso Deus está sabendo e, se é palavra verdadeira, passa a ser conhecido no ministério de Deus.
289. Se ouço uma palavra, esta veio de algum lugar, enviada pelo Maioral e está ligada ao trono d'Ele.
290. Se a palavra é boa, está ligada ao trono de Deus.
291. Se a palavra é má, está ligada ao trono das trevas.
292. Minha vida está ligada a tudo o que eu vi e ouvi no passado por meio de imagens, palavras, dor, tristeza, mágoa, fome, miséria, sentimento de culpa etc. Todo dia estou sendo alimentado pelo trono das trevas, que me encheu de informação negativa.
293. Se estou ligado ao trono de Deus, estou sendo alimentado pelo trono do rei.

294. Todas as ordens vêm do rei, nada é feito se não vier do trono do rei.
295. Todo religioso gosta das 99 ovelhas, mas à única que foi Cristo ele não dá valor.
296. O crente que não conhece Jesus vai todo domingo à procura de um pastor, como um mendigo com fome.
297. Assim, é mendigo todo dia, volta a pedir esmola pois não conhece a fonte verdadeira porque ninguém a mostra a ele.
298. O verdadeiro religioso tem a palavra verdadeira na sua boca. Tudo o que fala é verdade, este bebeu da água e da comida que Jesus falou.
299. Todo crente que encontrou Jesus sai todo dia anunciando o reino de Deus, falando de Jesus.
300. Todo crente que ainda não tem Jesus sai todo dia em busca de um pregador ou de uma religião.
301. O crente sem Jesus sai todo dia igual a um mendigo procurando riquezas no mundo por meio de Jesus.
302. O crente que tem Jesus sai todo dia anunciando a verdade, com alegria e sem interesse financeiro.
303. Todo encantamento é feitiçaria (Is. 47:9).
304. Toda pessoa que usa seu conhecimento humano, seu entendimento científico e sua força religiosa para dominar as pessoas é feiticeira.
305. Feitiçaria (I Sm. 28:8-15): o vidente fala com os mortos, tirando-os do fundo do mundo dos mortos (II Cr. 33:6).
306. Feitiçaria e encantamento: todas as nações foram encantadas pela feitiçaria (Ap. 18:23).
307. Todo aquele que não entra pela porta é ladrão e salteador. A porta é Jesus.
308. A verdade é que tudo o que pedirmos que não for em nome de Jesus é engano, feitiçaria.
309. Todo rebelde é feiticeiro.
310. Todo prostituto é feiticeiro.
311. Todo adúltero é feiticeiro.
312. Todo desobediente é feiticeiro.

313. Todo linguarudo é feiticeiro.
314. Todo enganador é feiticeiro.
315. Todo mentiroso é feiticeiro.
316. Todo homem carnal é feiticeiro.
317. Todos que não nasceram de novo são feiticeiros.
318. Todos que se opõem à lei de Deus são feiticeiros.
319. Todas as coisas que existem, existem por intermédio da palavra.
320. Tudo o que nossos olhos veem é uma palavra: pessoa, animal, imagem, símbolo, tudo é uma palavra.
321. Nada é sem significado, tudo tem um significado.
322. Qualquer gesto significa uma palavra. A palavra existe de forma invisível. Para identificar a palavra eu tenho que observar tudo o que está em volta de mim, o cenário.
323. O cenário mostra tudo o que a palavra está dizendo e depende da minha visão, de como vejo o cenário.
324. A palavra é infinita, depende da minha imaginação, de como eu vejo tudo. Posso ver o passado como posso ver o futuro, assim como posso viver o presente.
325. Os meus olhos são luz para tudo. Se for bom, vejo o que é bom; se for mau, vejo o que é mau.
326. O passado são palavras liberadas pelo homem. É o que ele já falou e passou.
327. O futuro são palavras que já existem, mas tenho que liberar para acontecer, tenho que ver a palavra.
328. A palavra escrita, falada ou pensada cria um cenário.
329. A transformação do meu mundo acontece pela fé.
330. Tudo é fruto, depende da semente, e a semente é a palavra. Dependendo da espécie, assim será o fruto.
331. A conclusão é que a palavra é Jesus e Jesus é Deus, e por meio das minhas palavras eu escolho o meu Deus, que me guia por meio da palavra.
332. Eu sou o que eu falo. O que sai da minha boca testifica quem eu sou.

333. O mundo que existe formado dentro dos meus pensamentos foi formado pela serpente quando liberou uma palavra mentirosa e enganosa. Após crer na serpente, veio todo tipo de medo.

12.1 O mundo físico e o mundo espiritual

334. O mundo físico é o que já aconteceu.
335. O mundo espiritual é o que vai acontecer (fé).
336. O mundo físico é guiado pelos incrédulos espíritos enganadores.
337. O mundo espiritual é guiado pelo Espírito Santo.
338. Os mortos veem o passado.
339. Os vivos veem o futuro.
340. Deus é Deus dos vivos.
341. Os que dormem em Cristo são os vivos esperando a ressureição.
342. Os que morrem sem Cristo são mortos para sempre.
343. O homem é formado 70% da água e 30% da terra.
344. Por isso, cada mente tem seus territórios, onde habita tudo o que ele usou.
345. A mente humana é como as águas do mar, não se conhece a profundidade, só no fim se conhecerá toda profundeza.
346. A vida do homem deste mundo é uma corrida, e todos são candidatos a vencer, mas depende muito da plateia.
347. Todo filho legítimo fala da casa do pai.
348. O filho que sai da casa do pai e não volta nunca foi filho.
349. Todo filho de Deus fala do seu pai, fala da casa do seu pai, fala das coisas do seu pai, fala do amor do seu pai, fala da bondade do seu pai, fala que vai voltar para a casa do seu pai.
350. Todo filho que despreza a casa do seu pai não é filho.
351. Todo filho do mundo fala das coisas do mundo, fala de ganhar o mundo, de vencer o mundo, é apaixonado pelo mundo e pelas coisas que há nele. Se tornou inimigo de Deus, filho do diabo.

12.2 Sinais da besta

352. Logomarca: tudo que existe neste mundo é representado por um sinal, símbolo, para que todos que o vejam identifiquem quem é o deus que está por trás do logo.
353. A besta é representada ou identificada por seus sinais.
354. Por isso, todos têm um sinal, sinal do nome, da imagem ou símbolo.
355. Ela veio para enganar. Tudo o que vem das trevas são sinais dela. Ela é conhecida pelos sinais. Para que haja adoração, os demônios exigem que haja um sinal que a representa.
356. Quem usa o sinal, nome ou símbolo da besta a está adorando.
357. Os seguidores são obrigados a divulgar todos os símbolos que representam a besta. Por exemplo, símbolos de clubes de futebol como Flamengo, Corinthians, Palmeiras etc.
358. Todos os símbolos representam a besta, seja de pessoas, de animais, de seres dos céus à terra dos mortos (Dt. 4:16).
359. As coisas carnais são do homem, as espirituais são de Deus.
360. Tudo o que planto para desejos da carne é para a carne.
361. Tudo o que planto no espírito é para o espírito.
362. Toda adoração que não é espiritual é para outros deuses.
363. Toda adoração espiritual é para Jesus.
364. A imagem da besta falou na TV.
365. Ouvir hinos não é louvar a Jesus. Ouvir é louvar a si mesmo.

12.3 Corpo, alma, espírito

366. Jesus é o primeiro filho, o único até a ressureição, pois ele é o primeiro entre muitos filhos de Deus (Rm. 8:29).
367. Deus nos predestinou.
368. Deus nos chamou.
369. Deus nos justificou.

370. Deus nos glorificou (Rm. 8:30).
371. Quem ressuscitou entre os mortos: Jesus, que veio em carne para justificar. Ele foi morto e ressuscitou, logo eu tenho que passar pelo mesmo processo, morrer e ressuscitar, para ser igual a ele.
372. O batismo na água significa morte, remissão e purificação no Espírito Santo e a vida nova na ressureição com Cristo (I Jo. 5:8).
373. Aqui na terra somos testificados pelo espírito de Deus que somos d'Ele.
374. Poder é no intelecto, autoridade é no espírito.
375. A mente que funciona pelo intelecto é carnal.
376. A mente que funciona pelo Espírito Santo é espiritual.
377. O intelecto é guiado pelo espírito do mundo (poder).
378. A autoridade é guiada por um espírito, que pode ser de Deus ou do maligno.
379. O espírito do homem não é o mesmo espírito de Deus.
380. A alma precisa ser libertada, e só é libertada pelo espírito de Deus.
381. A alma pode ser prisioneira de espíritos enganadores.
382. Quando a alma renunciar a todos os desejos da carne, estará preparada para subir com Jesus.
383. A mente humana, chamada de cérebro, é ocupada pela alma que nasce com pecado, e nasce com pecado dos pais até a quarta geração.
384. O novo nascimento me faz mudar de sangue humano para espiritual: isso é alma.
385. Na ressureição, eu sou transformado em um novo ser, filho de Deus, já com outro corpo. Isso eu começo a sentir ainda aqui.
386. Quem tem o Espírito Santo tem a mente de Cristo, e este milita contra o nosso espírito.
387. O homem que tem o espírito de Deus vê com os olhos de Deus. Tudo o que ele vê é bom.
388. O homem que tem a mente de Cristo pensa como Cristo.
389. O homem que tem a mente de Cristo não tem desejo de possuir o mundo.
390. O homem que tem a mente de Cristo não busca as coisas deste

mundo, porque de tudo ele é herdeiro.
391. O homem que tem a mente de Cristo não pensa mal, tudo nele é bom.
392. O homem que tem a mente de Cristo quer o bem de todos e ama a todos.
393. O homem que tem a mente de Cristo ama as coisas do céu.
394. O homem que tem a mente de Cristo nunca se sente pobre, triste, magoado, com raiva, ele não sente falta de nada, mesmo não tendo tudo.
395. O corpo humano pode ser matéria de Satanás. Ele se materializa quando usa o corpo.
396. A mente do ser humano tem dois lados, direito e esquerdo: o lado esquerdo é o mundo dos mortos. Quem fala do passado vive no mundo dos mortos. O lado direito do cérebro é o mundo espiritual, chamado hoje.
397. A mente que é guiada pelo espírito da morte só fala do passado, do mundo dos mortos.
398. Os que são guiados pelo espírito de Deus falam do agora, sabem para onde vão.
399. Três são os que vivem no corpo humano: o corpo, a alma e o espírito, e os três têm que ser um na obediência.
400. O Paraíso foi a proposta de Deus para o ser humano.

12.4 A mente humana e a mente de Cristo

401. Abriram-se os livros e também um outro livro, que é o Livro da Vida (Ap. 20:12).
402. Os livros da nossa mente vão ser abertos, e ali vai estar tudo escrito sobre mim, gravado, filmado, tudo o que passou na nossa mente humana.
403. O outro livro é a mente de Cristo, o lado da obediência. Vai estar anotado por Cristo o meu nome.

404. Após eu ter nascido de novo eu recebo o espírito de Deus, sou nova criatura e não penso mais como um ser humano, e sim como Jesus.
405. Da mente humana serão apagados todos os pecados do meu passado quando eu nascer de novo (Rm. 8:1).

12.5 Escravos e libertos

406. Existem dois senhores: o deus de fora e o Deus de dentro. O deus de fora é o mundo da beleza, das riquezas, da luxúria, do engano só de aparência. O Deus de dentro é o eu verdadeiro, aquilo que eu realmente sou e sinto, e sei o que está verdadeiramente em mim.
407. Os instrumentos de Deus estão nas mãos do crente: a fé no seu nome e na palavra verdadeira.
408. O Deus que eu vejo é o Deus que me alimenta.
409. Se estou ligado aos deuses do mundo, o deus de fora, tudo o que está nele está em mim.
410. Se estou ligado no Deus de dentro, estou ligado no meu Deus, que está em mim.
411. O deus de fora é o mundo que meus olhos veem. A minha aparência, a aparência dos outros e tudo o que vejo, no que acredito e o que desejo.
412. Jesus só será meu senhor quando eu for libertado do meu senhor das riquezas.
413. Todo ser que está no pecado está morto, necessita nascer de novo.
414. Jesus foi filho do homem e se fez carne para se igualar a um ser humano. O que é a palavra se tornou carne, e após a ressureição voltou a ser Deus.
415. Jesus é a palavra divina, a palavra divina é a vida, e a vida está na palavra. Todo aquele que a utiliza bem come do seu fruto.
416. A letra mata, mas enquanto eu estou na letra não recebo a palavra verdadeira, o espírito.

417. A palavra de vida é Jesus.
418. A palavra de morte é pecado, é o diabo.
419. O escravo tem desejo de possuir as coisas do seu senhor.
420. O liberto tem prazer nas coisas do seu senhor e na Sua obra do Seu reino.
421. O escravo não tem domínio sobre seus desejos e vícios.
422. O escravo lamenta seu passado e vive nele.
423. O liberto sonha com o futuro e vive o presente.
424. O liberto tem parte na herança do seu senhor.
425. O escravo sabe que sua herança é o seu passado.
426. Todo homem e mulher que vive do passado é escravo dele, e ele é seu senhor.
427. O primeiro homem se tornou escravo quando desobedeceu ao seu senhor, e se tornou escravo da desobediência, o diabo.
428. A escravidão começou quando Adão desobedeceu a Deus para dar ouvidos à sua mulher, Eva.
429. O homem perdeu o controle e o domínio quando deu ouvidos à sua mulher para desobedecer a Deus.
430. Todo homem que não tem Jesus é dominado por Eva.
431. Todo homem que não obedece a Deus é escracho do pecado de Eva.
432. Todo homem que não é fiel a Deus tem dificuldade de ser fiel à sua mulher.
433. Todo homem que não obedece aos princípios de Jesus é escravo da mulher, sempre vive mendigando um pouco de amor.
434. Todo homem que não é fiel não tem direito à fidelidade.
435. Quem abriu seus olhos: Jesus ou a serpente?
436. Você só saberá quem eu sou quando souber quem você é.
437. Se você souber quem você é, saberá quem são as pessoas.
438. O que mais você procura e deseja não é sua solução, mas seu problema.
439. Seus problemas não são a parte ruim da vida, mas algo de que você precisa para resolver outros futuros.

440. O que mais você detesta nos outros é o que precisa mudar em você.
441. Os defeitos que você vê nos outros são exatamente os que estão em você.
442. Os olhos de Deus não veem o mal, mas só o bem.
443. Os olhos humanos são a luz do corpo, veem o que está nele.
444. Os olhos espirituais são a luz da alma.
445. Os olhos espirituais são a luz do invisível.
446. Os olhos da carne são a luz das coisas visíveis.
447. Os olhos naturais veem o natural.
448. Os olhos espirituais veem o sobrenatural.
449. Os olhos naturais geram desejos carnais.
450. Os olhos espirituais geram desejos espirituais.
451. Os olhos naturais me levam à tentação.
452. Os olhos espirituais me levam à regeneração.
453. Os olhos naturais me levam a pensar, e, se eu penso, eu sinto; se eu sinto, eu creio; se eu creio, acontece.

12.6 A palavra

454. A palavra verdadeira é a palavra divina que sai da boca de Deus.
455. A palavra viva é a palavra de fé com amor.
456. A palavra de morte é a palavra de fé no Deus errado.
457. A palavra mentirosa é a palavra humana quando fala dos seus desejos.
458. A palavra verdadeira é a voz de Deus.
459. A palavra mentirosa é a voz da serpente.
460. A palavra verdadeira traz vida.
461. A palavra mentirosa traz morte.
462. O homem não precisa de outro homem para interpretar a Bíblia. Precisa do Espírito Santo.
463. O homem precisa de outro homem para ouvir a palavra.

464. A meditação na palavra e a obediência à palavra trazem a revelação da palavra.
465. A fé verdadeira traz convicção.
466. A fé errada traz dúvida.
467. A fé verdadeira traz alegria e paz.
468. A fé errada traz dúvidas, pobreza e morte.
469. Sua insistência na coisa certa é o começo da vitória.
470. Sua desistência da coisa certa é o início da derrota.
471. A unção é a manifestação da fé espiritual.
472. A santidade abre as portas para a unção, que é apresentação e manifestação do espírito da verdade.
473. A fé verdadeira atrai o Deus verdadeiro.
474. A fé errada atrai o deus errado.
475. Os pensamentos positivos atraem a verdade daquilo em que estou crendo.
476. O mundo dos vivos atrai a fé verdadeira.
477. O mundo dos mortos atrai a fé errada.
478. A palavra verdadeira me foi dada, Ele é a verdade.
479. A palavra me salvou.
480. A palavra me curou.
481. A palavra me libertou.
482. A palavra me gerou.
483. A palavra me deu vida.
484. A palavra me deu amor.
485. A palavra abriu meus olhos.
486. A palavra me deu sabedoria.
487. A palavra me deu entendimento.
488. A palavra me corrigiu.
489. A palavra me julga.
490. A palavra me deu sonho.
491. A palavra me deu esperança.
492. A palavra me mostrou o caminho.
493. A palavra me mostrou a verdade.

494. A palavra me mostrou meus erros.
495. A palavra me deu alegria.
496. A palavra me deu paz.
497. A palavra entrou em mim.
498. A palavra me tirou a inveja.
499. A palavra me tirou o ciúme.
500. A palavra me livrou da morte.
501. A palavra me livrou da ira diabólica.
502. A palavra me livrou do adultério.
503. A palavra me livrou da prostituição.
504. A palavra me livrou dos deuses deste mundo.
505. A palavra me livrou do ódio.
506. A palavra me deu a luz.
507. A palavra me deu meus pais.
508. A palavra me deu meus filhos.
509. A palavra me batizou no espírito.
510. A palavra mudou o meu ser.
511. A palavra me fez nascer de novo.
512. A palavra me tirou da angústia.
513. A palavra me livrou da tristeza.
514. A palavra é o poder de Deus vivo.
515. A palavra criou todo o Universo.
516. A palavra criou o céu e a terra.
517. A palavra criou o mar e os rios.
518. A palavra se fez carne.
519. A palavra veio ao mundo e o mundo não a conheceu.
520. A palavra era Deus e continua sendo Deus.
521. A palavra está no mundo para salvar o homem.
522. A palavra subiu aos céus e voltou ao mundo.
523. A palavra está com os santos de Deus.
524. A palavra é santa e verdadeira.
525. A palavra entra pela porta da frente.
526. A palavra não entra pelos fundos.

527. A palavra entra na sua casa.
528. A palavra entra na sua família.
529. A palavra tira a incredulidade.
530. A palavra é a semelhança de Deus.
531. A palavra é a riqueza de Deus no homem.
532. A palavra é a pedra viva.
533. A palavra é a espada do espírito.
534. A palavra que sai da minha boca é o meu alimento espiritual.
535. A palavra que sai da minha boca é a minha riqueza
536. A palavra que sai da minha boca é que me dá alegria.
537. A palavra que sai da minha boca é que me traz riqueza.
538. A palavra que sai da minha boca é o meu futuro.
539. A palavra que sai da minha boca é o alimento da minha descendência.
540. A palavra que sai da minha boca é o futuro dos meus filhos.
541. A palavra que sai da minha boca diz quem eu sou.
542. A palavra é o presente de Deus para o homem.

12.7 Ensinar e pregar

543. O que é ensinado atrai as pessoas que aprenderam aquilo como verdade, mesmo sendo mentira.
544. Ensinar não é repetir apenas o que já se sabe, mas é fazer o certo que não se sabe.
545. Ensinar é diferente de repassar o que aprendeu.
546. Ensinar a verdade é ensinar algo novo que traz mudança verdadeira.
547. Ensinar não é repassar tudo o que eles ensinam, mas somente a verdade.
548. Ensinar qualquer coisa não é ensinar, mas colocar em risco aqueles que dependem de ensino.
549. Ensinar é falar somente a verdade, porque no fim verás que valeu a pena, deu tudo certo.

550. Ensinar não é ler apenas uma história, mas ser uma história.
551. Ensinar não é interpretar algumas palavras, mas ensinar a verdade verdadeira.
552. Ensinar errado não mostra o caminho da verdade, mas ensinar é andar na verdade.
553. Pregação: pregar não é contar história de Davi ou de outro profeta.
554. Pregar é contar o que Deus fez na vida de Davi por causa da obediência e da desobediência.
555. Pregar não é contar histórias bíblicas, mas sim falar do Messias, o Salvador, e falar das boas-novas do reino de Deus.
556. Pregar não é falar a minha vontade, mas falar o que ele mandou falar do reino de Deus.
557. Pregar não é manter presas suas ovelhas no curral de uma religião, mas libertar as ovelhas pela palavra verdadeira.

12.8 Herança

558. O filho verdadeiro não briga por herança porque sabe que faz parte de tudo do pai na eternidade.
559. O filho que não é verdadeiro briga por herança antecipada, porque sabe que no final não tem direito.
560. O filho legítimo não requer direito do pai; só estar junto do pai é suficiente para sua alegria.
561. Os filhos do pecado vivem aos pés do pai e o chamam pedindo algo que satisfaça seus desejos.
562. O filho verdadeiro tem alegria de estar na casa do pai e de ajudar seu pai a crescer.

12.9 A beleza interior e exterior

563. O idólatra cuida da beleza exterior.
564. A beleza exterior alegra os homens carnais.
565. A beleza interior alegra o espírito.
566. Os carnais cuidam da aparência exterior para agradar os deuses.
567. Os espirituais cuidam da beleza interior para agradar a Deus.

12.10 Os ouvidos do mundo e os ouvidos de Deus

568. Quem é carnal não ouve a voz de Deus mesmo escutando a Sua palavra, mas o mundo o ouve... O mundo o ouve porque são do mundo.
569. Os ouvidos do mundo estão abertos para ouvir seus seguidores.
570. Os que amam o mundo têm parte com o diabo, e seu fim será com ele.
571. O Universo está cheio de principados, potestades e dominadores tomando posse deste mundo.
572. Os ouvidos de Deus ouvem a voz dos que são d'Ele. Ele conhece a todos e todos que são d'Ele conhecem a sua voz.
573. Os ouvidos de Deus estão abertos para ouvir a voz do justo, mas o ímpio fecha as próprias portas para Deus não entrar.
574. Os ouvidos de Deus escutam a nossa voz até no mais profundo do nosso silêncio.
575. O som da minha voz é alto como o meu arrependimento, e Ele me ouve.
576. Os ouvidos de Deus estão abertos para ouvir todos aqueles que nele creem e lhe obedecem.
577. O som da minha voz chega até Deus quando eu clamo em alta voz de arrependimento.

12.11 Os vivos e os mortos

578. Os mortos não têm mais tempo porque o tempo deles acabou.
579. Os mortos não têm mais esperança porque o tempo acabou com ela.
580. Os vivos de alma, mesmo que seu corpo esteja morto, têm esperança no dia do Senhor.
581. Os mortos não pedem, eles reclamam.
582. Os dias dos mortos são todos iguais, não há mudança.
583. Os mortos se relacionam com os mortos porque falam a mesma língua, que é a do que já passou.
584. Para os mortos só há uma esperança: livrarem-se da segunda morte.
585. Os mortos não vivem o presente e só veem o passado, pois já estão no mundo dos mortos.
586. Os mortos não veem a luz, por isso quando morre alguém se acendem velas.
587. Os mortos são cegos, eles só veem a culpa do que os levou à morte.
588. Os mortos podem ressuscitar não com suas forças, mas pela oração da palavra verdadeira.
589. Os mortos ressuscitados têm fé. Eles veem de onde vieram e sabem para onde vão.
590. No mundo dos mortos há muito medo, terror e ira.
591. Os mortos andam inseguros porque sentem que vão passar pela segunda morte.
592. A insegurança dos mortos não é reconhecida por eles porque não sabem da segunda morte. Somente a alma geme.
593. Os mortos vivem preocupados porque a alma deles está gemendo, sabendo do terrível dia do Senhor.
594. Os mortos procuram a salvação no mundo em que vivem porque não veem mais a salvação do Senhor.

595. Quem é que viu Deus ou Jesus? Quem é que sabe responder quem é Jesus?
596. Quem pode ver Deus? Somente os d'Ele. Não que alguém visse o pai, a não ser aquele que é de Deus: este tem visto o pai (Jo. 6:46).
597. Jesus disse: "Se estais em mim, eu estou em vós" (Jo. 15:4).
598. O evangelho é a glória de Cristo, que é a imagem de Deus.
599. O homem de Deus é a imagem de Deus, que é a palavra da verdade que resplandece a luz da palavra do evangelho (II Co. 4:4).
600. O corpo do homem é a habitação do ser vivo, que é a palavra viva espiritual. Este é o homem vivo.
601. O corpo pode ser habitação de um ser da morte, tendo nele a palavra da mentira, o engano.
602. O corpo do homem é frágil para que não haja glória do homem, mas para que a excelência do poder seja de Deus.
603. A palavra verdadeira, espírito, está em nós. A palavra verdadeira é a vida de Jesus, que precisa ser manifestada em nós.
604. O homem exterior consome o homem interior, mata por sua intensa busca pelo reconhecimento do seu eu, se esquecendo de reconhecer Jesus.
605. O homem de Deus se atenta para as coisas que não se veem.
606. O homem da terra se atenta para as coisas que se veem.
607. O homem de Deus fala da palavra verdadeira que tem poder para curar e libertar e tira a dor.
608. O homem do mal fala do mal, fala da dor, dos seus problemas.
609. O homem de Deus fala da salvação.
610. O homem do mal fala da morte.
611. O homem de Deus fala da vida, que é Jesus.
612. O homem do mal fala da morte, fala do pecado, do passado.
613. O homem do mal fala da profecia do mal.
614. O homem de Deus fala da salvação.
615. O homem do mal fala do evangelho, da prosperidade.
616. O homem de Deus fala do evangelho, da paz, das boas-novas.

617. O homem do mal fala do ministério da condenação.
618. O homem de Deus fala do ministério de Jesus, da salvação.
619. O homem morto fala da morte.
620. O homem vivo fala da vida.
621. O homem morto fala da injustiça do mundo.
622. O homem vivo fala da justiça de Deus.
623. O homem morto fala da justiça dos mortos.
624. O homem vivo fala da justiça do céu.
625. O homem morto anuncia a morte.
626. O homem vivo anuncia a vida.
627. O homem morto anuncia a mentira.
628. O homem vivo anuncia a verdade.
629. O homem morto fala do passado que é seu futuro.
630. O homem vivo fala do hoje que é seu futuro.
631. O homem morto conta a história de Jesus.
632. O homem vivo conta os milagres de Jesus.
633. O homem morto fala do que já passou.
634. O homem vivo fala do que vai acontecer.
635. O homem morto fala de ganhar o mundo.
636. O homem vivo fala de ganhar a vida eterna.
637. O homem morto fala dos seus direitos deste mundo.
638. O homem vivo dá o seu direito pela vida.
639. O homem morto busca vida financeira.
640. O homem vivo busca a vida eterna.
641. O homem morto busca os próprios interesses.
642. O homem vivo busca os interesses do seu rei Jesus.
643. O homem morto não conhece Jesus.
644. O homem vivo conhece e vê Jesus.
645. O homem morto acredita em Deus.
646. O homem vivo crê em Deus.
647. O homem morto acha que Deus pode fazer milagre.
648. O homem vivo crê que ele é um milagre de Deus.
649. O homem morto nunca está farto.

650. O homem vivo é farto de tudo.
651. O homem morto sempre quer mais.
652. O homem vivo já tem tudo.
653. O homem morto não se agrada com pouco.
654. O homem vivo é grato por tudo.

12.12 Habitação de Deus

655. Deus não habita em corpos mortais.
656. Deus não habita em homens carnais.
657. Deus não habita em templo feito por mãos humanas.
658. Deus não habita em corpos de trevas.
659. Deus não habita em corpos corruptíveis.
660. Deus não habita em corpos de contendas.
661. Deus não habita na incredulidade.
662. Deus não habita em corpos murmuradores.
663. Deus não habita em confusão.
664. Deus habita em corpos espirituais.
665. Deus habita no meio da verdade.
666. Deus habita nos louvores espirituais.
667. Deus habita em meio à adoração, em espírito, em verdade.
668. A imagem de Deus criou Deus.
669. Deus disse: "façamos o homem à nossa imagem e semelhança". Deus é espírito, e todo homem que tem o espírito de Deus é semelhante a Ele. Sua imagem reflete a verdade.
670. O ministério de Deus iniciou-se em Adão e terminou em Jesus.
671. Todo homem que nasceu de novo volta ao jardim de Deus e entra no descanso.
672. Todo homem que entra no jardim alcançou a misericórdia de Deus.
673. Todo homem que está sobre a fé da antiga aliança está sobre o poder do governo humano.

674. Todo homem que está na fé da nova aliança está sobre o governo da graça.
675. Todo homem que está e segue a antiga aliança está na dispensação do governo humano.

12.13 O governo humano

676. A paixão pelo mundo da besta (Ap. 13).
677. Eles fizeram você se apaixonar pelo mundo.
678. Depois de ser um apaixonado, você é meu servo.
679. Depois que você se apaixonar, eu posso ser o que eu quiser, você não vai ver quem eu sou.
680. Depois que você se apaixonar, eu posso fazer o que eu quiser com você.
681. Depois que você se apaixonar, eu digo o que você deve fazer.
682. Depois que você se apaixonar, eu sou tudo para você.
683. Depois que eu fizer você se apaixonar por mim, você não verá outra coisa a não ser eu.
684. Depois que eu fizer você se apaixonar por mim, você não ouvirá outra coisa, só a minha voz.
685. Depois que você se apaixonar por mim, eu vou fazer a sua mente pensar o que eu quero.
686. Depois que você se apaixonar por mim, eu faço tudo de mau para você e você entende que é bom para você.
687. Depois que você se apaixonar por mim, você não verá mais com os olhos, mas com a mente.
688. Depois que você se apaixonar, você fará a minha vontade e não a sua.
689. Depois que você se apaixonar por mim, eu colocarei obstáculos no seu caminho e você não saberá que sou eu.
690. Depois que você se apaixonar por mim, eu colocarei medo em você e você não saberá que sou eu.

691. Depois que você se apaixonar por mim, eu vou tirar a sua paz, para que você a cada dia passe a buscar mais e mais a mim.
692. Depois que você se apaixonar, eu vou tirar todo seu tempo para que você não tenha tempo para ninguém, só para mim.
693. Depois que você se apaixonar, eu vou tirar seu sono, vou colocar você para trabalhar dia e noite.
694. Depois que você se apaixonar, eu vou apresentar a você todo tipo de coisas que parecem aliviá-lo dessa paixão.
695. Depois que você se apaixonar, você estará dominado, e eu vou apresentar soluções mentirosas para você pensar que vai aliviar a sua dor.
696. Depois que você se apaixonar por mim, eu vou fazer ofertas a você que o farão se comprometer comigo.
697. Depois que você se apaixonar e entregar a sua vida por mim, eu vou me revelar a você e você vai saber que eu o enganei pelos sinais da besta Satanás.
698. Depois que você se apaixonar por mim, e que eu fizer você se acostumar com as coisas que você adora, você vai depender delas.
699. Depois que você se apaixonar, eu farei você ficar dependente de tudo o que eu fiz você gostar e adorar em meu nome.
700. Depois que você se apaixonar, eu farei você me servir de todo o seu coração.
701. Agora que você me adorou, eu me revelo a você.
702. Depois que eu me revelar, você vai saber que tudo o que você pensava que era bom é mau, e o bem que eu queria fazer eu não fiz, mas o mal que não queria, esse eu fiz.
703. Depois que você se apaixonar por mim, eu farei você andar como um mendigo rasgado, e você não vai perceber.
704. Eu faço você se apaixonar por mim e me adorar e servir aos meus deuses.
705. Depois que você se apaixonar por mim, você vai amar e adorar lugares deste mundo aos quais eu o levarei. Eu vou usar seu corpo para me divertir com os desejos do pecado.

706. Depois que você se apaixonar por mim, eu vou fazer você usar roupas de que gosto.
707. Depois que você se apaixonar por mim, eu serei dono da sua alma para meu descanso.
708. Depois que você se apaixonar por mim, você vai gastar todo o seu dinheiro para satisfazer os desejos que eu coloquei em você.
709. Depois que você se apaixonar por mim, você vai trabalhar para mim.
710. Os mortos amam o mundo em que vivem (II Ti. 4:10).
711. Os cretenses são sempre mentirosos, bestas ruins, ventres preguiçosos (Tt. 1:12).
712. Todo homem que está na fé da nova aliança está na dispensação da graça.
713. O governo humano é comandado pelos principados.
714. O governo mundial são os principados, e potestades governam os dominadores.
715. O governo humano domina o povo por meio dos dominadores.
716. O governo de Deus Jesus governa o mundo espiritual.
717. O governo humano governa o mundo físico.
718. Os dominadores estão a serviço do espírito do anticristo.
719. O governo humano governa o mundo com autoridade religiosa.
720. O governo humano governa as riquezas.
721. O governo religioso crê no Jesus histórico.
722. O governo humano crê na prosperidade conquistada pelo homem.
723. O governo humano prega a sabedoria humana.
724. O governo humano não entra no reino de Deus nem deixa os outros entrarem.
725. O governo humano prega o amor às riquezas.
726. O governo humano criou todos os ministérios de Satanás para enganar o povo.

12.14 Quem é Jesus

727. Jesus, à imagem e semelhança de Deus, andou no mundo terreno, e Ele, Jesus, que é a palavra, se fez carne.
728. Quem é Jesus hoje? Onde Ele está?
729. Todo homem que tem o espírito de Deus está levando Jesus sobre toda terra.
730. Todo homem de Deus que tem o espírito de Deus é luz de Deus e por onde passa deixa testemunho da luz.
731. Todo homem que prega a história de Jesus prega um Jesus homem, aquele de 2 mil anos atrás, o Jesus histórico.
732. O evangelho de Jesus não é histórico, ele é presente.
733. O evangelho de Jesus é a presença de Deus na vida do homem pela palavra verdadeira.
734. Quem é Jesus hoje em nossa vida?
735. O diabo é um imitador de Deus, quer ser igual a Deus.
736. Deus enviou Jesus, o Messias, que vai voltar pela segunda vez.
737. O diabo enviou a primeira besta e depois vai enviar a segunda besta.
738. O Messias já veio há mais de 2 mil anos para trazer o bem.
739. O diabo enviou a besta para enganar o povo, mas o povo ainda espera que ela venha.
740. Os judeus não viram que Jesus já veio e esteve no meio deles, e está até hoje.
741. Os religiosos também não viram a besta chegar, nem que ela já esta no meio deles.
742. Jesus vai voltar para salvar seu povo.
743. O diabo vai revelar a segunda besta para destruir os que aceitaram a primeira besta.
744. O espírito do anticristo já existia desde a época de Jesus, esteve em carne na terra. João disse que o anticristo vai sair dentre os cristãos (I Jo. 2:18).

745. Todo crente que deixa Jesus é tomado pelo espírito do anticristo.
746. Todo aquele que nega Jesus e não prega Jesus como único salvador é anticristo (I Jo. 2:22).
747. O anticristo já está no mundo desde então. João escreveu que todo aquele que não confessa Jesus não é de Deus e tem o espírito do anticristo (I Jo. 4:3).
748. O acusador nos acusa porque tem ódio de nós.
749. Mas aquele que me liberta, Jesus, tem amor por mim.
750. O acusador fica me acusando de dia e de noite, procura me derrotar.
751. Mas Jesus todos os dias me dá salvação por sua misericórdia e amor por mim.
752. Os que querem ser grandes entre os homem se tornam pequenos, porque para Deus o vencedor é humilde, e Deus o chama de filho do altíssimo e nele há poder.
753. O verdadeiro poder não está na força do homem pelo poder das riquezas.
754. O poder verdadeiro é daquele que tem poder sem usar recursos naturais deste mundo, tendo em si a glória de Deus, e faz maravilha maior do que qualquer exército do mundo.
755. Jesus, com apenas saliva e terra, fez um cego de nascença ver.
756. O poder e a ciência até agora não encontraram poder na sabedoria do homem, nem mesmo para entender como isso acontece, para poder curar tantos cegos que há neste mundo.
757. Jesus deu poder para seus discípulos curarem os doentes e até ressuscitarem os mortos, mas os cientistas nem mesmo curam os que precisam ser curados.
758. A religião prega a história da Bíblia, mas os filhos do altíssimo pregam o reino de Deus, que é a palavra verdadeira viva.
759. A religião prega a letra, mas o verdadeiro filho de Deus prega o poder de Deus por meio das suas obras.